I0887464

Los yogas tibetanos de los sueños y del dormir

TENZIN WANGYAL RINPOCHE

Los yogas tibetanos de los sueños y del dormir

EDICIONES OBELISCO

Si este libro le ha interesado y desea que le mantengamos informado
de nuestras publicaciones, escríbanos indicándonos qué temas son de su interés
(Astrología, Autoayuda, Psicología, Artes Marciales, Naturismo,
Espiritualidad, Tradición...) y gustosamente le complaceremos.

Puede consultar nuestro catálogo en www.edicionesobelisco.com

Colección Espiritualidad y Vida interior
Los yogas tibetanos de los sueños y del dormir
Tenzin Wangyal Rinpoche

1.ª edición: noviembre de 2019
2.ª edición: julio de 2024

Título original: *The Tibetan Yogas of Dream and Sleep*

Traducción: *Verónica D'Ornellas*
Maquetación: *Juan Bejarano*
Corrección: *TsEdi, Teleservicios Editoriales, S. L.*
Diseño de cubierta: *Isabel Estrada*

© 1998, Tenzin Wangyal
Edición publicada por acuerdo con Shambhala Publications Inc.
(Reservados todos los derechos)
© 2019, Ediciones Obelisco, S. L.
(Reservados los derechos para la presente edición)

Edita: Ediciones Obelisco, S. L.
Collita, 23-25. Pol. Ind. Molí de la Bastida
08191 Rubí - Barcelona - España
Tel. 93 309 85 25
E-mail: info@edicionesobelisco.com

ISBN: 978-84-9111-529-8
Depósito Legal: B-21.888-2019

Impreso en los talleres gráficos de Romanyà/Valls S. A.
Verdaguer, 1 - 08786 Capellades - Barcelona

Printed in Spain

Reservados todos los derechos. Ninguna parte de esta publicación, incluido el diseño de la cubierta,
puede ser reproducida, almacenada, transmitida o utilizada en manera alguna por ningún medio,
ya sea electrónico, químico, mecánico, óptico, de grabación o electrográfico,
sin el previo consentimiento por escrito del editor. Diríjase a CEDRO
(Centro Español de Derechos Reprográficos, www.cedro.org)
si necesita fotocopiar o escanear algún fragmento de esta obra.

Este libro está dedicado a Namkhai Norbu Rinpoche,
quien ha sido una gran inspiración en mi vida,
tanto en mi forma de enseñar como en mi propia práctica.

Agradecimientos

Quiero agradecer a las personas que han sido fundamentales para la publicación de este libro. En primer lugar, y en especial, a Mark Dahlby, mi alumno y amigo cercano, con el que disfruté enormemente trabajando. Pasamos muchas horas hablando sobre diferentes temas en los cafés de Berkeley. Sin él, este libro no habría sido posible.

Además, a Steven D. Goodman, un colega y amigo, quien mejoró el manuscrito con varias buenas sugerencias; a Sue Ellis Dyer y Chris Baker, quienes hicieron recomendaciones de edición en una primera versión de este libro; a Sue Davies y Laura Shekerjian, quienes ayudaron leyendo el texto y con sus comentarios; y a Christine Cox de Snow Lion Publications, quien aportó al texto su gran habilidad como editora experimentada y lo convirtió en un libro mucho mejor.

Las fotografías de las posiciones de meditación y yoga de los sueños, en las páginas 106 y 137 respectivamente, fueron tomadas por Antonio Riestra y modeladas por Luz Vergara. Las ilustraciones de los chakras en las páginas 132 y 135 fueron creadas por Mónica R. Ortega. También me gustaría agradecer a todos aquellos que no he nombrado pero que me han ayudado de muchas maneras distintas.

Prólogo

Un dicho tibetano muy conocido declara: «Uno debería explicar el linaje y la historia para despejar toda duda sobre la autenticidad de la enseñanza y la transmisión». Por lo tanto, empiezo este libro con una historia breve de mi vida.

Nací poco después de que mis padres huyeran de la opresión china en el Tíbet. Las condiciones eran difíciles y mis padres tuvieron que dejarme en un internado cristiano con la esperanza de que cuidaran de mí. Mi padre era un *lama** budista y mi madre era practicante de *Bön**. Poco después, mi padre falleció y, transcurrido un tiempo, mi madre se volvió a casar con un lama Bön. Tanto él como mi madre deseaban que yo viviera dentro de mi cultura y por eso, cuando tenía diez años de edad, me llevaron al principal monasterio Bön en Dolanji, India, donde fui ordenado monje.

Cuando llevaba un tiempo viviendo en el monasterio, fui reconocido por el Lopon (el maestro principal) Sangye Tenzin Rinpoche como la reencarnación de Khyungtul Rinpoche, un famoso erudito, profesor, escritor y maestro de meditación. Él era muy conocido por ser un experto en astrología, y en el Tíbet occidental y en el norte de la India era famoso como domador de espíritus salvajes. Era muy solicitado por ser un sanador con habilidades mágicas. Uno de sus benefactores era un rey de Himachal, en el norte de la India. Este rey y su esposa no podían tener hijos y le pidieron a Khyungtul Rinpoche que los sanara, cosa que hizo. El hijo que tuvieron y criaron es el actual jefe de Gobierno de Himachal Pradesh, Virbhardur.

---

* La definición de todas las palabras marcadas con asterisco se encuentra en el Glosario al final del libro. *(N. de la T.)*

Cuando tenía trece años, mi bondadoso maestro primordial, Lopon Sangye Tenzin, un hombre de gran erudición y realización, se preparó para impartir una de las enseñanzas más importantes y esotéricas en la religión Bön: el linaje de la Gran Perfección (*Dzogchen**) de la Transmisión Oral de Zhang Zhung (*Zhang Zhung Nyan Gyud**). Aunque yo todavía era muy joven, mi padrastro visitó a Lopon Rinpoche y le pidió que me admitiera como estudiante de las enseñanzas, las cuales se impartirían todos los días durante tres años. Lopon aceptó amablemente, pero solicitó que todos los potenciales alumnos le lleváramos un sueño de la noche anterior antes de que se iniciaran las lecciones, para que él pudiera determinar si estábamos preparados.

Algunos de los estudiantes no recordaron ningún sueño, lo cual era considerado como una señal de que había un obstáculo. Lopon hizo que comenzaran unas prácticas de purificación apropiadas y retrasó el inicio de las lecciones hasta que cada uno de ellos tuviera un sueño. Los sueños de los otros estudiantes fueron tomados como una señal de que necesitaban realizar determinadas prácticas con el fin de prepararse para recibir las enseñanzas; por ejemplo, debían realizar prácticas que fortaleciesen sus conexiones con los guardianes* de Bön.

En mi caso, soñé con un autobús que daba vueltas alrededor de la casa de mi maestro, aunque en realidad allí no había ninguna carretera. En el sueño, el conductor era mi amigo y yo estaba de pie junto a él, entregando boletos a todas las personas que subían al vehículo. Los boletos eran unos pedazos de papel que tenían la sílaba tibetana *A* escrita en ellos. Esto ocurrió cuando me encontraba en el segundo o tercer año de mi educación en Dolanji; tenía trece años, y en aquella época no sabía que la *A* era un símbolo sumamente importante en las enseñanzas Dzogchen. Mi maestro nunca comentó nada sobre ese sueño, lo cual era su estilo. Solía hacer pocos comentarios sobre lo que consideraba bueno, pero yo era feliz mientras se me permitiera asistir a sus lecciones.

Es común en las tradiciones espirituales tibetanas que los sueños de los estudiantes sean utilizados por el maestro de esta forma, para determinar si es apropiado que un estudiante reciba una determinada enseñanza. Aunque transcurrió un tiempo antes de que yo empezara a estudiar y a practicar el yoga de los sueños, este incidente fue el comienzo de mi interés en él. Me impresionó fuertemente cuánto se valoran los sueños en la cultura tibetana y en la religión Bön, y cómo la información del inconsciente suele tener un valor mayor que la información que puede proporcionar la mente consciente.

Cuando llevaba tres años recibiendo la enseñanza, incluyendo numerosos retiros de meditación con mis compañeros de práctica así como muchos retiros en soledad, entré en la monástica Escuela Dialéctica. Normalmente lleva entre nueve y trece años completar el programa de estudios, y éste incluye la formación tradicional. Nos enseñaban las asignaturas académicas comunes, como gramática, sánscrito, poesía, astrología y arte, y además aprendíamos asignaturas poco comunes, como epistemología, cosmología, *Sutra**, *tantra** y Dzogchen. Durante la formación monástica, se me expusieron una serie de enseñanzas y transmisiones acerca de los sueños, y las más importantes estuvieron basadas en los textos del Zhang Zhung Nyan Gyud, la Madre Tantra y Shardza Rinpoche.

Fui un buen alumno y, cuando tenía diecinueve años, me pidieron que empezara a enseñar a otros, lo cual hice. Aproximadamente en la misma época, escribí y publiqué un resumen de la biografía del Señor Shenrab Miwoche*, fundador de la religión Bön. Más adelante me convertí en el presidente de la Escuela Dialéctica; permanecí en dicho puesto durante cuatro años y me esforcé mucho por dar forma a la escuela y desarrollarla. En 1986 recibí el grado de *Geshe*, el grado más alto en la educación monástica tibetana.

En 1989, viajé a Occidente invitado por la Comunidad Dzogchen de Namkhai Norbu, en Italia. Aunque no tenía planes de enseñar, los miembros de dicha comunidad me invitaron a hacerlo. Un día estuve repartiendo pequeños trozos de papel que iban a ser usados en una meditación sobre la concentración. Cada pedazo de papel tenía la sílaba tibetana *A* escrita en él. En ese preciso instante, regresó a mi mente el sueño de quince años atrás, en el cual entregaba ese mismo trozo de papel a las personas que subían al autobús. Fue como si me dieran un golpe en la cabeza.

Permanecí en Occidente y en 1991 recibí la Beca Rockefeller para realizar una investigación en la Universidad de Rice. En 1993 publiqué mi primer libro en Occidente, *The Wonders of the Natural Mind*, en el cual intenté presentar las enseñanzas de la Gran Perfección (Dzogchen) de una forma clara y sencilla. En 1994 recibí una subvención de la Fundación Nacional para las Humanidades para realizar un estudio sobre los aspectos lógicos y filosóficos de la tradición Bön, en colaboración con la catedrática Anne Klein, directora de Estudios Religiosos en la Universidad de Rice.

Mi lado académico ha continuado manifestándose, pero la práctica siempre ha sido lo más importante, y durante todo este tiempo he estado interesado en los sueños y en la práctica de los sueños. Pero mi interés no es sólo teórico. He confiado en la sabiduría de mis sueños, influido desde una edad muy temprana por las experiencias oníricas de mis maestros y de mi madre y por el uso de los sueños en la tradición Bön, y en los últimos diez años he estado practicando intensivamente el yoga de los sueños. Cada noche, cuando me voy a la cama, tengo sensación de libertad. El ajetreo del día ha llegado a su fin. Algunas noches tengo éxito con la práctica y otras noches no, pero es de esperar que esto ocurra hasta llegar a un nivel muy avanzado. No obstante, me voy a dormir casi todas las noches con la intención de realizar la práctica de los sueños. Las enseñanzas que hay en este libro provienen de mi propia experiencia con la práctica, así como de los tres textos que he citado antes.

Los yogas tibetanos de los sueños y del dormir está basado en las enseñanzas orales que transmití en California y Nuevo México a lo largo de varios años. Gran parte de la informalidad que se incluía en las enseñanzas se ha mantenido. Las palabras señaladas con un asterisco en su primera aparición en el texto pueden encontrarse en el glosario al final del libro.

El yoga de los sueños es un importante apoyo en el desarrollo de mi propia práctica y lo ha sido también para muchísimos maestros y yoguis* del Tíbet. Siempre me ha impresionado, por ejemplo, la historia de Shardza Rinpoche, un gran maestro tibetano que cuando murió, en 1934, alcanzó el cuerpo de luz (*jalus**), una señal de realización plena. Durante su vida tuvo varios alumnos realizados, escribió muchos textos importantes y trabajó en beneficio del país en el que vivió. Es difícil imaginar cómo pudo ser tan productivo en su vida pública, cumpliendo con tantas responsabilidades y con los largos proyectos que emprendió para el beneficio de otras personas, y aun así fue capaz de alcanzar esa realización a través de la práctica espiritual. Pero pudo hacerlo porque no era un escritor durante parte del día, un maestro durante otros ratos y un practicante durante las pocas horas que le quedaban. Su vida entera estaba dedicada a la práctica, tanto si estaba sentado en meditación, o escribiendo, o enseñando, o durmiendo. Shardza Rinpoche escribió que la práctica de los sueños fue de vital importancia en su camino espiritual y esencial para su realización, y eso también puede ser una realidad para nosotros.

Introducción

Pasamos un tercio de nuestras vidas durmiendo. No importa a qué nos dediquemos, cuán virtuosas o no virtuosas sean nuestras actividades, si somos asesinos o santos, monjes o libertinos, todos acabamos el día igual. Cerramos los ojos y nos desvanecemos en la oscuridad. Lo hacemos sin miedo, incluso cuando todo lo que conocemos como «yo» desaparece. Después de un breve período, surgen imágenes y nuestro sentido del yo emerge con ellas. Existimos otra vez en el mundo aparentemente ilimitado de los sueños. Cada noche participamos en los misterios más profundos, desplazándonos de una dimensión de la experiencia a otra, perdiendo nuestro sentido del yo y volviéndolo a encontrar, y sin embargo, damos todo esto por sentado. Despertamos en la mañana y continuamos con la vida «real», pero en cierto sentido todavía estamos dormidos y soñando. Las enseñanzas nos dicen que podemos continuar estando día y noche en ese estado ilusorio, de ensoñación, o podemos despertar a la verdad.

Cuando realizamos los yogas del dormir y de los sueños, empezamos a formar parte de un largo linaje. Durante siglos, hombres y mujeres han realizado las mismas prácticas, han enfrentado las mismas dudas y los mismos obstáculos que nosotros, y han recibido los mismos beneficios que nosotros podemos recibir. Muchos altos lamas y yoguis expertos han convertido a los yogas de los sueños y del dormir en sus prácticas principales, y a través de ellos han alcanzado la realización. Reflexionar sobre esta historia y recordar a las personas que han dedicado sus vidas a las enseñanzas –nuestros ancestros espirituales que a través de ellas nos transmiten los frutos de sus prácticas– generará fe en la tradición y gratitud por ella.

A algunos maestros tibetanos les puede parecer extraño que yo enseñe estas prácticas a occidentales que no han realizado unas prácticas preliminares o que no tienen cierto conocimiento. Tradicionalmente, estas enseñanzas se mantenían secretas, como señal de respeto y como protección contra los efectos de la malinterpretación por parte de los practicantes no preparados. Nunca se impartían en público ni se transmitían con ligereza, sino que estaban reservadas a las personas que habían sido preparadas para recibirlas.

Actualmente las prácticas no son menos eficaces o valiosas de lo que solían ser, pero las condiciones en el mundo han cambiado, y por eso estoy probando algo distinto. Espero que al enseñar algo que es efectivo, de una forma abierta y sencilla, la tradición se preservará mejor y más personas podrán beneficiarse de ella. Pero es importante respetar las enseñanzas, tanto para protegerlas como para ayudar al desarrollo de nuestra propia práctica. Por favor, intenta recibir la transmisión directa de estas enseñanzas de un verdadero maestro. Es bueno leer sobre estos yogas, pero es mejor recibir la transmisión oral, pues así se crea una conexión más fuerte con el linaje. Además, es fácil encontrar obstáculos en el camino que son difíciles de superar a solas, pero que un maestro experimentado puede identificar y ayudarte a eliminar. Éste es un punto importante que no se debería olvidar.

Nuestras vidas humanas son valiosas. Tenemos unos cuerpos y unas mentes intactos, con un potencial absoluto. Quizás hayamos conocido maestros y recibido enseñanzas, y tenemos una vida en la que disfrutamos de la libertad de seguir un camino espiritual. Sabemos que la práctica es esencial para el camino espiritual, así como para nuestra aspiración de ayudar a los demás. También sabemos que la vida se pasa volando y que la muerte es segura, pero, sin embargo, en nuestras ajetreadas vidas nos resulta difícil practicar todo lo que quisiéramos. Es posible que meditemos durante una o dos horas cada día, pero eso nos deja las otras veintidós horas para distraernos y ser zarandeados por las olas del *samsara**. Pero siempre hay tiempo para dormir, y esa tercera parte de nuestras vidas que pasamos durmiendo puede ser utilizada para la práctica.

Un tema importante de este libro es que a través de la práctica podemos cultivar una mayor conciencia en cada momento de la vida. Si hacemos esto, la libertad y la flexibilidad aumentan y estamos menos gobernados por las preocupaciones y distracciones habituales. Desarrollamos una presencia estable y vívida que nos permite escoger hábilmente tener respuestas positivas a cualquier cosa que se nos presente, respuestas que serán más beneficiosas para los demás y para nuestro propio camino espiritual. Con el tiempo, vamos a desarrollar una continuidad de conciencia que nos permitirá mantener una conciencia plena en los sueños y en la vida de vigilia. Entonces seremos capaces de responder al fenómeno de los sueños de una forma creativa y positiva, y podremos realizar varias prácticas en el estado del sueño. Cuando desarrollemos completamente esta capacidad, descubriremos que estamos viviendo la vida de vigilia y la vida onírica con mayor serenidad, comodidad, claridad y apreciación, y nos estaremos preparando para alcanzar la liberación en el estado intermedio (*bardo**) después de la muerte.

Las enseñanzas nos proporcionan varios métodos para mejorar la calidad de la vida normal. Eso es bueno, ya que esta vida es importante y valiosa, pero el objetivo fundamental de estos yogas es siempre conducirnos a la liberación. Por lo tanto, este libro se entiende mejor como un manual de práctica, una guía para los yogas de las tradiciones budistas Bön del Tíbet que usan los sueños para alcanzar la liberación de la ensoñación de la vida cotidiana y utilizan el dormir para despertar de la ignorancia. Para usar este libro de esa manera, deberías encontrar a un maestro cualificado. Luego, para estabilizar la mente, debes realizar las prácticas de permanecer en calma que figuran en la Parte Tres, y cuando te sientas preparado, puedes comenzar las prácticas preliminares y dedicarles un tiempo, integrándolas a tu vida. Después puedes iniciar las prácticas principales.

No hay prisa. Hemos deambulado por las ilusiones de samsara por un tiempo indeterminado. Leer otro libro sobre espiritualidad y luego olvidarnos de él no cambiará mucho nuestra vida, pero si seguimos estas prácticas hasta el final, despertaremos a nuestra naturaleza primordial, que es la iluminación misma.

Si no podemos permanecer presentes mientras dormimos, si nos perdemos cada noche, ¿qué posibilidades tenemos de estar conscientes cuando llegue la muerte? Si entramos en nuestros sueños e interactuamos con las imágenes de la mente como si fuesen reales, no deberíamos esperar ser libres en el estado posterior a la muerte. Observa tu experiencia en los sueños para saber cómo te irá en la muerte. Observa tu experiencia del dormir para descubrir si estás verdaderamente despierto o no.

Recibir las enseñanzas

El mejor enfoque para recibir las enseñanzas espirituales orales y escritas es «escuchar, concluir y experimentar», es decir, entender intelectualmente lo que se está diciendo, concluir lo que significa y aplicarlo en la práctica. Si abordamos el aprendizaje de esta manera, el proceso es continuo e incesante, pero si se detiene en el nivel del intelecto, eso puede convertirse en una barrera para la práctica.

En cuanto a escuchar o recibir las enseñanzas, el buen alumno es como una pared cubierta de pegamento: las hierbas que sean lanzadas contra ella se quedarán pegadas. Un mal alumno es como una pared seca: lo que es lanzado contra ella se desliza hasta caer al suelo. Cuando las enseñanzas son recibidas, no deberían perderse o desperdiciarse. El estudiante debería retener las enseñanzas en su mente y trabajar con ellas. Las enseñanzas en las que no se entra con entendimiento son como hierbas lanzadas contra la pared seca: caen al suelo y son olvidadas.

Llegar a la conclusión del significado de las enseñanzas es como encender una luz en una habitación oscura: aquello que estaba oculto se vuelve evidente. Es la experiencia del «¡ajá!», cuando las piezas encajan y son comprendidas. Esto es distinto de la simple comprensión intelectual, en el sentido de que es algo que sabemos y no algo que meramente hemos oído. Por ejemplo, oír hablar de los cojines amarillos y rojos que hay en una habitación es como tener una comprensión intelectual de ellos, pero si entramos en la habitación cuando está oscura, no podremos distinguirlos. Concluir cuál es el significado es como encender la luz: entonces conocemos de una forma directa los cojines rojos y los amarillos. La enseñanza ya no es solamente algo que podemos repetir, sino que ya es parte de nosotros.

Cuando hablamos de «aplicar en la práctica» nos referimos a convertir aquello que hemos entendido conceptualmente (lo que hemos recibido, ponderado y hecho significativo) en una experiencia directa. Este proceso es análogo a probar la sal. Se puede hablar de la sal, entender su naturaleza química, etc., pero uno tiene la experiencia directa cuando la prueba. Esa experiencia no puede ser comprendida intelectualmente y no puede ser transmitida con palabras. Si intentamos explicarla a alguien que nunca ha probado la sal, esa persona no podrá entender qué es lo que hemos experimentado. Pero cuando le hablamos de ello a alguien que ya ha tenido la experiencia, entonces ambos sabemos a qué nos estamos refiriendo. Lo mismo ocurre con las enseñanzas. Así es cómo debemos estudiarlas: escucharlas o leerlas, reflexionar sobre ellas, concluir cuál es el significado y encontrar ese significado en la experiencia directa.

En el Tíbet, las pieles de cuero nuevo son puestas al sol y frotadas con mantequilla para conseguir que sean más suaves. El practicante es como una piel nueva, firme y dura, pues tiene visiones estrechas y rigidez conceptual. La enseñanza (*dharma**) es como la mantequilla que penetra al ser frotada con la práctica, y el sol es como la experiencia directa; cuando aplicamos ambas cosas, el practicante se vuelve suave y flexible. Pero la mantequilla también se almacena en bolsas de cuero, y cuando ésta se deja dentro de una bolsa de cuero durante años, el cuero se vuelve duro como la madera y toda la mantequilla del mundo no logra ablandarlo. Alguien que dedica muchos años al estudio de las enseñanzas, intelectualizando mucho pero con poca experiencia en la práctica, es como ese cuero endurecido. Las enseñanzas pueden ablandar la dura piel de la ignorancia y el condicionamiento, pero cuando se almacenan en el intelecto y no penetran en el practicante con la práctica y la calidez de la experiencia directa, esa persona puede tornarse rígida y dura en su comprensión intelectual. Entonces las nuevas enseñanzas no la ablandan, no penetran en ella y no la cambian. Debemos ser cuidadosos de no almacenar las enseñanzas únicamente como un entendimiento conceptual, pues ese entendimiento conceptual se convierte en un impedimento para la sabiduría. Las enseñanzas no son ideas que deben ser coleccionadas, sino un camino que se debe seguir.

PARTE UNO

LA NATURALEZA DE LOS SUEÑOS

1

Los sueños y la realidad

Todos soñamos, tanto si lo recordamos como si no. Soñamos cuando somos unos bebés y continuamos haciéndolo hasta la muerte. Cada noche entramos en un mundo desconocido y puede parecer que somos quienes solemos ser o alguien completamente distinto. Nos encontramos con gente que conocemos o que no conocemos, que está viva o muerta. Volamos, nos encontramos con seres no humanos, tenemos experiencias dichosas, reímos, lloramos y nos sentimos aterrados, exaltados o transformados. Sin embargo, por lo general prestamos poca atención a estas experiencias extraordinarias. Muchos occidentales que se acercan a estas enseñanzas lo hacen con unas ideas sobre los sueños que están basadas en las teorías psicológicas; por consiguiente, cuando su interés en usar los sueños en su vida espiritual aumenta, normalmente se concentran en el contenido y su significado. Rara vez se investiga la naturaleza del soñar en sí mismo, pero cuando se hace, la investigación nos revela los misteriosos procesos que subyacen a toda nuestra existencia, no sólo a la vida onírica.

El primer paso en la práctica de los sueños es bastante sencillo: uno tiene que reconocer el gran potencial para el camino espiritual que está contenido en los sueños. Normalmente se piensa que los sueños son «irreales» en contraste con la vida «real» de vigilia, pero no hay nada más real que un sueño. Esta afirmación sólo tiene sentido cuando comprendemos que la vida normal de vigilia es tan irreal como los sueños, y exactamente de la misma manera. Entonces podemos entender que el yoga de los sueños se aplica a todas las experiencias, a los sueños del día y a los de la noche.

2

Cómo surge la experiencia

La ignorancia

Toda nuestra experiencia, incluidos los sueños, surge de la ignorancia. Esta afirmación resulta bastante desconcertante en Occidente, de modo que primero debemos entender lo que queremos decir cuando hablamos de ignorancia (*ma-rigpa**). La tradición tibetana distingue entre dos tipos de ignorancia: la ignorancia innata y la ignorancia cultural. La ignorancia innata es la base del samsara y es la característica que define a los seres ordinarios. Es la ignorancia de nuestra verdadera naturaleza y la verdadera naturaleza del mundo, y se traduce en un entrelazamiento con las ilusiones de la mente dualista.

La dualidad materializa las polaridades y las dicotomías. Divide la unidad perfecta de la experiencia en esto y aquello, correcto e incorrecto, tú y yo. Basándonos en estas divisiones conceptuales, desarrollamos preferencias que se manifiestan como apego y aversión, las respuestas habituales que componen la mayor parte de lo que identificamos como nosotros mismos. Queremos esto, no aquello; creemos en esto, no en aquello; respetamos esto y despreciamos aquello. Deseamos placer, comodidad, riqueza y fama, e intentamos escapar del dolor, la pobreza, la vergüenza y la incomodidad. Queremos todo esto para nosotros y para nuestros seres queridos, y no nos importan los demás. Deseamos una experiencia distinta de la que estamos teniendo, o aferrarnos a una experiencia y evitar los inevitables cambios que conducirán a su fin.

Hay un segundo tipo de ignorancia que está condicionada culturalmente. Se manifiesta cuando los deseos y las aversiones están institucionalizados en una cultura y codificados en su sistema de valores. En la India, por ejemplo, los hindús creen que está mal comer vaca pero que es correcto comer cerdo. Los musulmanes creen que es apropiado comer carne de res, pero tienen prohibido comer cerdo. Los tibetanos comen ambas cosas. ¿Quién tiene la razón? El hindú piensa que los hindús tienen la razón, el musulmán que los musulmanes tienen la razón y el tibetano que los tibetanos tienen la razón. Las diferentes creencias surgen de los prejuicios y las convicciones que forman parte de la cultura, no de una sabiduría fundamental.

Podemos encontrar otro ejemplo en los conflictos internos de la filosofía. Existen muchos sistemas filosóficos que están definidos por sus desacuerdos entre ellos sobre ciertos puntos. Aunque los propios sistemas han sido desarrollados con la intención de conducir a los seres a la sabiduría, producen ignorancia en el sentido de que sus seguidores se aferran a una comprensión dualista de la realidad. Esto es inevitable en cualquier sistema conceptual, ya que la mente conceptual en sí misma es una manifestación de la ignorancia.

La ignorancia cultural se desarrolla y se preserva en las tradiciones. Penetra en cada costumbre, opinión, conjunto de valores y conjunto de conocimientos. Tanto las personas como las culturas aceptan estas preferencias como algo tan fundamental que las consideran de sentido común o ley divina. Crecemos adhiriéndonos a diversas creencias, a un partido político, a un sistema médico, a una religión, a una opinión sobre cómo deberían ser las cosas. Pasamos por la escuela primaria, secundaria y quizás universitaria, y en cierto sentido cada diploma es un premio por haber desarrollado una ignorancia más sofisticada. La educación refuerza el hábito de ver el mundo a través de una determinada lente. Podemos convertirnos en expertos en una perspectiva errónea, llegar a ser muy precisos en nuestro entendimiento y relacionarnos con otros expertos. Esto puede darse también en la filosofía, en la cual uno aprende detallados sistemas intelectuales y desarrolla la mente para convertirla en un agudo instrumento de investigación. Pero mientras no penetremos en la ignorancia innata, estaremos meramente desarrollando una tendencia adquirida, no una sabiduría fundamental.

Nos apegamos incluso a las cosas más pequeñas: a una determinada marca de jabón o a un corte de pelo que está de moda. En gran escala, desarrollamos religiones, sistemas políticos, filosofías, psicologías y ciencias. Pero nadie nace con la creencia de que comer carne de res o de cerdo está mal, o que un sistema filosófico es correcto y el otro es erróneo, o que esta religión es verdadera y aquélla es falsa. Esto debe ser aprendido. La adhesión a determinados valores es el resultado de la ignorancia cultural, pero la propensión a aceptar puntos de vista limitados se origina en la dualidad que es la manifestación de la ignorancia innata.

Esto no es malo. Simplemente es lo que es. Nuestros apegos pueden llevarnos a la guerra, pero también se manifiestan en tecnologías útiles y en distintas artes que son enormemente beneficiosas para el mundo. Mientras no estamos iluminados, participamos en la dualidad, y eso está bien. Hay un dicho tibetano que dice: «Cuando estés en el cuerpo de un burro, disfruta del sabor de la hierba». En otras palabras, deberíamos apreciar y disfrutar esta vida, porque es significativa y valiosa en sí misma, y porque es la vida que estamos viviendo.

Si no somos cuidadosos, las enseñanzas pueden ser utilizadas para reforzar nuestra ignorancia. Uno puede decir que es malo que alguien obtenga un título avanzado, o que está mal tener restricciones en la dieta, pero no se trata de eso, en absoluto. O uno podría decir que la ignorancia es mala o que la vida normal no es más que estupidez samsárica. Pero la ignorancia es simplemente un oscurecimiento de la consciencia. Estar apegados a ello o repelidos por ello es simplemente el mismo viejo juego de la dualidad, desarrollado en el ámbito de la ignorancia. Podemos ver que esto es lo que predomina. Incluso las enseñanzas deben trabajar con la dualidad (fomentando el apego a la virtud, por ejemplo, y la aversión a la falta de virtud) utilizando, paradójicamente, la dualidad de la ignorancia para superar la ignorancia. ¡Cuán sutil debe ser nuestra comprensión y con qué facilidad podemos perdernos! Ése es el motivo por el cual es necesaria la práctica: para tener una experiencia directa en lugar de limitarnos a desarrollar otro sistema conceptual que luego tendremos que explicar y defender. Cuando vemos las cosas desde una perspectiva más elevada, tienden a nivelarse.

Desde la perspectiva de la sabiduría no dual, no existe lo importante y lo no importante.

Acciones y resultados: El karma y los rastros kármicos

La cultura en la que vivimos nos condiciona, pero llevamos con nosotros las semillas del condicionamiento a dondequiera que vayamos. Todo lo que nos molesta en realidad está en nuestra mente. Culpamos de nuestra infelicidad al ambiente, a nuestra situación, y creemos que si pudiésemos cambiar nuestras circunstancias seríamos felices. Pero la situación en la que nos encontramos sólo es la causa secundaria de nuestro sufrimiento. La causa principal es la ignorancia innata y el resultante deseo de que las cosas sean distintas de lo que son.

Quizás decidamos escapar de las tensiones de la ciudad mudándonos a una playa o a las montañas. O tal vez cambiemos el aislamiento y las dificultades del campo por el ajetreo de la ciudad. El cambio puede ser agradable, porque las causas secundarias son modificadas y es posible que encontremos satisfacción. Pero sólo por un breve período. La raíz de nuestro descontento se muda con nosotros a nuestra nueva casa, y desde ahí desarrollamos nuevas insatisfacciones. Pronto estaremos atrapados una vez más en la turbulencia de la esperanza y el miedo.

O quizás pensemos que si tan sólo tuviéramos más dinero, o una mejor pareja, o un mejor cuerpo, o un mejor empleo o una mejor educación, seríamos felices. Pero sabemos que esto no es verdad. Los ricos no están libres del sufrimiento, una nueva pareja nos descontentará de alguna manera, el cuerpo envejecerá, el nuevo trabajo se tornará menos interesante y así sucesivamente. Cuando pensamos que la solución a nuestra infelicidad puede hallarse en el mundo exterior, nuestros deseos sólo pueden ser saciados temporalmente. Si no entendemos esto, somos arrojados de aquí a allá por los vientos del deseo, y estamos siempre intranquilos e insatisfechos. Estamos gobernados por nuestro karma y plantamos continuamente las semillas de una futura cosecha kármica. Este modo de acción no sólo nos distrae del camino espiritual, sino que además nos impide encontrar la satisfacción y la felicidad en nuestra vida cotidiana.

Cuando nos identificamos con la avidez y la aversión de la mente en movimiento, producimos emociones negativas que nacen en la brecha que hay entre la realidad y lo que nosotros queremos. Las acciones generadas a partir de estas emociones, que son prácticamente todas las acciones que realizamos en nuestras vidas cotidianas, dejan rastros kármicos.

*Karma** significa acción. Los rastros kármicos* son los resultados de nuestras acciones, los cuales permanecen en la consciencia mental e influyen en nuestro futuro. Podemos entender parcialmente lo que son los rastros kármicos si los vemos como lo que en Occidente llaman tendencias en el inconsciente. Son inclinaciones, patrones de comportamiento interno y externo, reacciones incorporadas, conceptualizaciones habituales. Los rastros kármicos dictan nuestras reacciones emocionales a las situaciones y nuestra comprensión intelectual, así como nuestros hábitos emocionales característicos y nuestras rigideces intelectuales. Crean y condicionan cada una de las respuestas que solemos tener a cada elemento de nuestra experiencia.

Éste es un ejemplo de rastros kármicos a un nivel corriente, aunque la misma dinámica funciona incluso en los niveles de experiencia más sutiles y más omnipresentes: un hombre crece en un hogar en el que hay muchas peleas. Más adelante, quizás treinta o cuarenta años después de haberse ido de casa, va caminando por la calle y pasa delante de una vivienda en la que hay gente discutiendo. Esa noche tiene un sueño en el que discute con su mujer o con su pareja. Cuando despierta por la mañana, se siente ofendido y retraído. Su pareja lo nota y reacciona a ese estado de ánimo, lo cual lo irrita todavía más.

Esta secuencia de experiencias nos muestra algo acerca de los rastros kármicos. Cuando el hombre era joven, reaccionaba a las peleas en su hogar con miedo, rabia y dolor. Como una respuesta normal, sentía aversión hacia esas discusiones, y esa aversión dejó un rastro en su mente. Décadas más tarde, pasa delante de una casa y oye una pelea: ésa es la condición secundaria que estimula al antiguo rastro kármico, el cual se manifiesta en un sueño esa misma noche.

En el sueño, el hombre reacciona a la provocación de la pareja onírica con sentimientos de enfado y dolor. Esta respuesta está gobernada por los rastros kármicos que fueron recopilados en su consciencia mental cuando era un niño y que probablemente han sido reforzados en muchas ocasiones desde entonces. Cuando la pareja onírica (que es enteramente una proyección de la mente del hombre) lo provoca, su reacción es la aversión, exactamente igual que cuando era un niño. La aversión que siente en el sueño es la nueva acción que crea una nueva semilla. Cuando despierta, está atrapado en las emociones negativas que son fruto de karmas anteriores; se siente retraído y distanciado de su pareja. Para complicar más las cosas, su pareja reacciona desde sus tendencias habituales kármicamente determinadas, quizás mostrándose irritable, distante, compungida o sumisa, y el hombre reacciona negativamente a ello, una vez más, sembrando otra semilla kármica.

Cualquier reacción a cualquier situación –externa o interna, de vigilia o en los sueños– que está basada en el apego o la aversión deja un rastro en la mente. Cuando el karma dicta las reacciones, éstas siembran más semillas kármicas, las cuales dictan más reacciones, y así sucesivamente. Así es como el karma conduce a más karma. Ésta es la rueda del samsara, el incesante ciclo de acción y reacción.

Aunque este ejemplo se centra en el karma en el nivel psicológico, el karma determina todas las dimensiones de la existencia. Da forma a los fenómenos emocionales y mentales en la vida de la persona, así como a la percepción y la interpretación de la existencia, el funcionamiento del cuerpo y el dinamismo de causa y efecto del mundo exterior. Cada aspecto de la experiencia, ya sea pequeño o grande, está gobernado por el karma.

Los rastros kármicos que quedan en la mente son como semillas. Y al igual que las semillas, requieren de ciertas condiciones para poder manifestarse. De la misma manera en que una semilla necesita la combinación adecuada de humedad, luz, nutrientes y temperatura para poder brotar y crecer, el rastro kármico se manifiesta cuando encuentra la situación propicia. Los elementos de la situación que apoyan la manifestación del karma son conocidos como causas y condiciones secundarias.

Podemos pensar en el karma como el proceso de causa y efecto, porque ello nos lleva al reconocimiento de que las elecciones que hacemos al responder a cualquier situación, interna o externa, tienen consecuencias. Cuando comprendemos verdaderamente que cada rastro kármico es la semilla de más acciones gobernadas por el karma, podemos usar esa comprensión para evitar crear negatividad en nuestra vida y, en lugar de eso, crear condiciones que influyan en nuestras vidas llevándolas en una dirección positiva. O, si sabemos cómo hacerlo, podemos dejar que la emoción se libere a sí misma en cuanto aparece, en cuyo caso ya no se creará nuevo karma.

El karma negativo

Si reaccionamos a una situación con una emoción negativa, el rastro que queda en la mente acabará madurando e influyendo negativamente en alguna situación de la vida. Por ejemplo, si alguien está enojado con nosotros y nosotros, a su vez, reaccionamos con enojo, dejamos un rastro que hace que sea más probable que el enojo vuelva a surgir en nosotros y que, además, nos encontremos con situaciones secundarias que permitirán que surja nuestro enojo habitual. Esto lo podemos ver fácilmente si tenemos mucha ira en nuestras vidas o si conocemos a alguien que la tiene. Las personas enojadas se encuentran continuamente con situaciones que parecen justificar su ira, mientras que esto no les ocurre a las personas menos iracundas. Las situaciones externas pueden ser similares, pero las diferentes inclinaciones kármicas crean diferentes mundos subjetivos.

Si una emoción es expresada impulsivamente, puede generar fuertes reacciones y resultados. La ira puede dar lugar a una pelea o a algún otro tipo de destrucción. Puede haber personas que resulten heridas física o emocionalmente. Esto no sólo se aplica a la ira; si el miedo es expresado de forma externa, también puede crear un gran estrés para la persona que lo sufre, puede alejarla de los demás, etc. No es muy difícil darse cuenta de que esto produce rastros negativos que influyen negativamente en el futuro.

Sin embargo, si reprimimos la emoción, sigue habiendo un rastro negativo. La represión es una manifestación de la aversión. Cuando esto ocurre, tensamos algo dentro de nosotros mismos, como si pusiéramos algo detrás de una puerta y la cerrásemos, forzando a una parte de nuestra experiencia a entrar en la oscuridad. Y ahí esperará, aparentemente con hostilidad, hasta que una causa secundaria apropiada la llame para salir. Esto se puede manifestar de muchas maneras. Por ejemplo, si reprimimos nuestros celos hacia otra persona, con el tiempo éstos se pueden manifestar en la forma de un estallido emocional, o pueden estar presentes cuando juzgamos con dureza a las personas de las que secretamente estamos celosos, incluso si lo negamos para nosotros mismos. Juzgar mentalmente también es una acción, basada en la aversión, que crea semillas kármicas negativas.

El karma positivo

En lugar de tener alguna de esas dos respuestas negativas (ser impulsados por la tendencia kármica en nuestro comportamiento, o reprimirla), podemos tomarnos un momento para detenernos y comunicarnos con nosotros mismos y elegir producir el antídoto para la emoción negativa. Si alguien está enojado con nosotros y entonces aparece nuestro propio enojo, el antídoto es la compasión. Inducirla puede parecernos algo forzado e inauténtico, pero si nos damos cuenta de que la persona que nos está irritando está siendo empujada por su propio condicionamiento, y nos damos cuenta también de que está sufriendo una constricción de la consciencia porque está atrapada en su propio karma negativo, podemos sentir algo de compasión y empezar a dejar ir nuestras reacciones negativas. Cuando hacemos esto, comenzamos a dar forma a nuestro futuro de una manera positiva.

Esta nueva respuesta, que continúa estando basada en el deseo (en este caso, de virtud, o de paz, o de crecimiento espiritual) produce un rastro kármico que es positivo; hemos plantado la semilla de la compasión. La siguiente vez que nos encontremos con el enojo, habrá más probabilidades de que respondamos con compasión, la cual es mucho más confortable y espaciosa que la estrechez del enojo autoprotector. De esta manera, la práctica de la virtud vuelve a entrenar, de forma acumulativa, nuestra respuesta al mundo y descubrimos, por ejemplo, que cada vez encontramos menos enojo, tanto interna como externamente. Si continuamos con esta práctica, la compasión acabará surgiendo espontáneamente y sin esfuerzo. Utilizando la comprensión del karma, podemos volver a entrenar a nuestras mentes para que usen todas las experiencias, incluso las fantasías más privadas y efímeras, para apoyar a nuestra práctica espiritual.

Liberar las emociones

La mejor respuesta a una emoción negativa es permitir que se autolibere y permanezca en la conciencia no dual, libre de la avidez y la aversión. Si podemos hacer esto, la emoción pasará a través de nosotros como un ave que vuela a través del espacio; no quedará ningún rastro de su paso. La emoción surge y luego se disuelve espontáneamente en el vacío.

En este caso, la semilla kármica se está manifestando (como emoción o pensamiento o sensación corporal o como el impulso de actuar de cierta manera), pero dado que no respondemos con avidez o aversión, no se genera ninguna semilla de un futuro karma. Cada vez que permitimos, por ejemplo, que la envidia surja y se desvanezca en la conciencia sin quedarnos atrapados en ella y sin intentar reprimirla, la fuerza de la tendencia kármica hacia la envidia se debilita. No hay ninguna nueva acción que la refuerce. Liberar una emoción de esta manera corta el karma de raíz. Es como si quemáramos las semillas kármicas antes de que tengan la oportunidad de crecer y convertirse en un problema en nuestra vida.

Quizás te preguntes por qué es mejor liberar la emoción en lugar de generar un karma positivo. La respuesta es que todos los rastros kármicos actúan para limitarnos, para restringirnos en unas identidades particulares. El objetivo del camino es la liberación total de todo condicionamiento. Esto no quiere decir que cuando uno se libera no están presentes rasgos positivos como la compasión. Sí lo están. Pero cuando ya no actuamos impulsados por las tendencias kármicas, podemos ver nuestra situación con claridad y responder de una forma espontánea y apropiada, en lugar de ser empujados en una dirección o atraídos hacia otra. La compasión relativa que surge de las tendencias kármicas positivas está muy bien, pero es mejor la compasión absoluta que surge sin esfuerzo y de una manera perfecta en la persona que se ha liberado del condicionamiento kármico. Es más espaciosa e inclusiva, más efectiva, y está libre de las ilusiones de la dualidad.

Aunque permitir que la emoción se autolibere es la mejor respuesta, esto es difícil de hacer cuando nuestra práctica todavía no está desarrollada y no es estable. Pero independientemente de cómo esté nuestra práctica ahora, todos podemos decidir detenernos un momento cuando surge la emoción, examinarnos a nosotros mismos y elegir actuar de la mejor manera posible. Podemos aprender a mitigar la fuerza del impulso, de los hábitos kármicos. Podemos utilizar un proceso conceptual, recordándonos a nosotros mismos que la emoción que estamos experimentando es simplemente el fruto de rastros kármicos anteriores. Entonces podemos ser capaces de relajar nuestra identificación con esa emoción o ese punto de vista y dejar de estar a la defensiva. Cuando el nudo de la emoción se desata, la identidad se relaja y se vuelve más amplia. Podemos elegir una respuesta más positiva, sembrando las semillas de un karma positivo. Una vez más, es importante hacer esto sin reprimir la emoción. Lo que deberíamos hacer es relajarnos mientras generamos la compasión, no reprimir rígidamente el enojo en nuestro cuerpo mientras intentamos tener buenos pensamientos.

La práctica espiritual no tiene por objeto beneficiar únicamente al futuro lejano o a nuestra próxima vida. Cuando practicamos entrenarnos para reaccionar de una forma más positiva a las situaciones, cambiamos nuestros rastros kármicos y desarrollamos cualidades que efectúan cambios positivos en las vidas que tenemos en el presente. Al ver más claramente que cada experiencia, por muy pequeña y privada que sea, tiene un resultado, podemos utilizar este entendimiento para cambiar nuestras vidas y nuestros sueños.

Los oscurecimientos de la consciencia

Los rastros kármicos permanecen con nosotros como remanentes de acciones realizadas con avidez o aversión. Son oscurecimientos de la consciencia almacenados en la base de la consciencia de la persona, en el *kunzhi namshe**. Aunque se habla de él como si fuera un receptáculo, el kunzhi namshe es en realidad equivalente al oscurecimiento de la consciencia: cuando no hay oscurecimientos de la consciencia, no hay kunzhi namshe. No es una cosa o un lugar; es la dinámica que subyace a la organización de la experiencia dualista. Es tan insustancial como una colección de hábitos y tan poderosa como los hábitos que permiten que el lenguaje tenga sentido, que las formas se conviertan en objetos y que la existencia se nos presente como algo significativo en lo que podemos desenvolvernos y que podemos comprender.

La metáfora más común para el kunzhi namshe es un almacén o un repositorio que no puede ser destruido. Podemos pensar en el kunzhi namshe almacenando una colección de patrones o esquemas. Es una gramática de la experiencia que es afectada en mayor o menor medida por cada acto que realizamos externa o internamente, física o cognitivamente. Mientras existan tendencias habituales en la mente del individuo, existe el kunzhi namshe. Cuando uno muere y el cuerpo se deteriora, el kunzhi namshe no lo hace. Los rastros kármicos continúan en la consciencia mental hasta que son purificados. Cuando están completamente purificados, ya no hay un kunzhi namshe y la persona es un buda.

Los rastros kármicos y los sueños

Los rastros kármicos dan forma a todas las experiencias samsáricas. Los estados de ánimo, los pensamientos, las emociones, las imágenes mentales, las percepciones, el «sentido común» e incluso nuestro sentido de identidad están gobernados por las operaciones del karma. Por ejemplo, es posible que te despiertes sintiéndote deprimido. Tomas el desayuno, todo parece estar bien, pero hay una sensación de depresión que no tiene explicación. En un caso así, decimos que algún karma está madurando. Las causas y las condiciones se han unido de tal manera que se manifiesta una depresión. Puede haber cien razones para que se dé esa depresión en esa mañana en particular y puede manifestarse de una variedad de maneras. También puede manifestarse durante la noche en la forma de un sueño.

En el sueño, los rastros kármicos se manifiestan en la consciencia sin estar restringidos por la mente racional con la que solemos racionalizar un sentimiento o una imagen mental fugaz. Podemos pensar en este proceso de la siguiente manera: durante el día, la consciencia ilumina los sentidos y nosotros experimentamos el mundo, entretejiendo experiencias sensoriales y psíquicas en la valiosa totalidad de nuestra vida. Durante la noche, la consciencia se retira de los sentidos y reside en la base. Si hemos desarrollado una fuerte práctica de la presencia, con mucha experiencia de la naturaleza vacua y luminosa de la mente, entonces seremos conscientes de esta consciencia pura y lúcida. Pero para la mayoría de la gente, la consciencia ilumina las oscuridades, los rastros kármicos, y éstos se manifiestan en la forma de un sueño.

Los rastros kármicos son como fotografías que tomamos de cada experiencia. Cualquier reacción de avidez o aversión ante cualquier experiencia (ante recuerdos, sentimientos, percepciones sensoriales o pensamientos) es como si tomáramos una foto. En el cuarto oscuro de nuestro sueño revelamos el rollo. Qué imágenes son reveladas en una determinada noche estará determinado por las últimas condiciones secundarias encontradas. Algunas imágenes o rastros son grabados con profundidad en nosotros por reacciones poderosas, mientras que otros, al ser el resultado de experiencias superficiales, dejan sólo un leve residuo. Nuestra consciencia, como la luz de un proyector, ilumina los rastros que han sido estimulados, y éstos se manifiestan como las imágenes y las experiencias del sueño. Nosotros los unimos como en una película, ya que ésa es la manera en que nuestra psique trabaja para crear significado, y el resultado es una narrativa construida a partir de tendencias condicionadas e identidades habituales: el sueño.

Este mismo proceso ocurre continuamente mientras estamos despiertos, creando lo que normalmente consideramos «nuestra experiencia». Esta dinámica es más fácil de entender en un sueño, porque puede ser observada sin las limitaciones del mundo físico y la consciencia racional. Durante el día, aunque seguimos participando del mismo proceso de creación de sueños, proyectamos esta actividad interna de la mente en el mundo y pensamos que nuestras experiencias son «reales» y externas a nuestra propia mente.

En el yoga de los sueños, esta comprensión del karma se utiliza para entrenar a la mente a que reaccione de una forma distinta a la experiencia, creando nuevos rastros kármicos a partir de los cuales se generan sueños más propicios para la práctica espiritual. No es una cuestión de fuerza, de la consciencia actuando autoritariamente para oprimir al inconsciente. En lugar de eso, el yoga de los sueños se apoya en una conciencia y una comprensión cada vez mayores que nos permitan hacer elecciones positivas en la vida. Entender la estructura dinámica de la experiencia y las consecuencias de los actos conduce al reconocimiento de que cada experiencia, sea del tipo que sea, es una oportunidad para la práctica espiritual.

La práctica de los sueños nos proporciona también un método para quemar las semillas de un karma futuro mientras soñamos. Si mantenemos la conciencia durante un sueño, podemos permitir que los rastros kármicos se autoliberen al ir surgiendo y, por lo tanto, ya no se manifestarán en nuestra experiencia como estados negativos. Al igual que en la vida de vigilia, esto sólo ocurrirá si permanecemos en la conciencia no dual de *rigpa**, la luz clara de la mente. Si esto no nos es posible, podemos desarrollar la tendencia de elegir comportamientos espiritualmente positivos incluso en nuestros sueños hasta que podamos ir más allá de las preferencias y la dualidad.

Finalmente, cuando purificamos los oscurecimientos hasta que ya no queda ninguno, entonces ya no hay ninguna película, ninguna influencia kármica que coloree y dé forma a la luz de nuestra consciencia. Dado que los rastros kármicos son la raíz de los sueños, cuando están completamente agotados sólo queda la luz pura de la conciencia: ninguna película, ninguna historia, ningún soñador y ningún sueño, sólo la naturaleza luminosa fundamental que es la realidad absoluta. Por este motivo, la iluminación es el final de los sueños y es conocida como el «despertar».

Los seis reinos de la existencia cíclica

Según las enseñanzas, hay seis reinos (*loka**) de la existencia en los que habitan todos los seres ilusos. Éstos son los reinos de los dioses, los semidioses, los humanos, los animales, los espíritus hambrientos y los seres infernales. Fundamentalmente, los reinos son seis dimensiones de la consciencia, seis dimensiones de la experiencia posible, y se manifiestan en nosotros individualmente en la forma de las seis emociones negativas: la ira, la codicia, la ignorancia, los celos, el orgullo y la distracción placentera. (La distracción placentera es el estado emocional en el que las otras cinco emociones están presentes en igual medida, equilibradas con armonía). No obstante, los seis reinos no son sólo categorías de la experiencia emocional, sino que son también verdaderos reinos en los que nacen seres, de la misma manera en que nosotros nacemos en el reino humano o un león nace en el reino animal.

Cada reino podría considerarse como un continuo de experiencias. El reino de los infiernos, por ejemplo, va desde la experiencia emocional interna de ira y odio, pasando por los comportamientos basados en la ira como las peleas y las guerras, hasta instituciones, prejuicios y sesgos creados a partir del odio como son los ejércitos, el odio social y la intolerancia, hasta llegar al reino real en el que existen los seres. Un nombre que se le puede dar a esta dimensión de la experiencia, desde la emoción individual hasta el reino real, es «infierno».

Al igual que los sueños, los reinos son manifestaciones de rasgos kármicos, pero en el caso de los reinos, los rasgos kármicos son colectivos en lugar de ser individuales. Dado que el karma es colectivo, los seres en cada reino comparten experiencias en un mundo consensual, igual que nosotros compartimos experiencias similares con los demás humanos. El karma colectivo crea cuerpos y sentidos y capacidades mentales que permiten a los individuos participar en potenciales y categorías de experiencia compartidos, mientras que hace que otros tipos de experiencias sean imposibles. Los perros, por ejemplo, pueden oír colectivamente ciertos sonidos que los humanos no podemos oír, y los humanos experimentamos el lenguaje de una manera en que los perros no pueden hacerlo.

Aunque los reinos parecen ser definidos y sólidos, como nuestro mundo nos parece a nosotros que es, en realidad son oníricos e insustanciales. Se compenetran unos con otros y nosotros estamos conectados a cada uno de ellos. Tenemos en nuestro interior las semillas para renacer en los otros reinos, y cuando experimentamos diferentes emociones, participamos de algunas de las cualidades características y del sufrimiento predominante en los otros reinos. Cuando nos quedamos atrapados en el orgullo egocéntrico o en la envidia enojada, por ejemplo, experimentamos algo de la cualidad de la experiencia característica del reino de los semidioses.

En algunas personas predomina una de las dimensiones en su constitución: más animal, o más espíritu hambriento, o más naturaleza de dios, o más semidios. Esta predominancia se destaca como el aspecto dominante de su carácter, y se puede reconocer en su forma de hablar, de andar, y en sus relaciones. Quizás conozcamos personas que parecen estar siempre atrapadas en el reino de los espíritus hambrientos: nunca tienen suficiente, siempre están hambrientos de más de todo (quieren más de sus amigos, de su entorno, de su vida), pero nunca se sienten satisfechos. O tal vez conozcamos a alguien que parece un ser de los infiernos: iracundo, violento, furioso, agitado. Lo más común es que las personas tengan aspectos de todas las dimensiones en su configuración individual.

Dado que estas dimensiones de la consciencia se manifiestan en las emociones, resulta evidente cuán universales son. Por ejemplo, todas las culturas conocen los celos. La apariencia de los celos puede variar porque la expresión emocional es una forma de comunicación, un lenguaje de gestos, que está determinada tanto por la biología como por la cultura, y la cultura es lo que proporciona la variable. Pero el sentimiento de celos es el mismo en todas partes. En el budismo Bön esta universalidad es explicada por la realidad de los reinos y se correlaciona con ella.

Las seis emociones negativas no pretenden representar una lista exhaustiva de emociones. No tiene sentido discutir sobre dónde encajan la tristeza o el miedo en estos reinos. El miedo puede presentarse en cualquiera de los reinos, al igual que pueden hacerlo la tristeza, la ira, los celos o el amor. Aunque las emociones negativas son experiencias anímicas que tenemos, y son las experiencias anímicas características de los reinos, también son palabras clave que representan toda la dimensión de la experiencia, el continuo que va desde la experiencia emocional individual hasta los reinos. Y cada una de esas dimensiones abarca amplias posibilidades de experiencia, incluyendo diversas experiencias emocionales.

Las seis cualidades de la consciencia son llamadas caminos porque conducen a alguna parte: nos llevan a los lugares de nuestro renacimiento, así como a los diferentes reinos de la experiencia en esta vida. Cuando un ser se identifica con una de las emociones negativas, o es atrapado por una de ellas, ocurren ciertos resultados. Ésta es la forma en que funciona el karma. Por ejemplo, para poder nacer como humano, tenemos que haber estado intensamente involucrados en disciplinas morales en vidas anteriores. Incluso en la cultura popular esto se expresa en la observación de que una persona no es considerada «completamente humana» hasta que madura en ella el amor y el interés por los demás.

Si vivimos una vida que se caracteriza por las emociones negativas de odio o ira, experimentamos un resultado distinto: renacemos en el infierno. Esto puede ocurrir realmente, que un ser nazca en el reino de los infiernos, y también psicológicamente. Conectarse con la dimensión del odio produce experiencias que incluso en esta vida podríamos llamar infernales.

Claramente, esto no quiere decir que todos los humanos intenten evitar estas experiencias. El karma puede llevar a una persona tan intensamente hacia una dimensión de la experiencia que la emoción negativa se vuelve atractiva. Piensa en todo el «entretenimiento» que está lleno de odio, asesinatos y guerras. Podemos desarrollar un gusto por ello. Decimos «La guerra es un infierno», pero, sin embargo, muchas personas se sienten atraídas hacia ella.

Nuestra inclinación hacia una u otra dimensión también puede ser formada por la cultura. En una sociedad en la que el guerrero iracundo es considerado un héroe, por ejemplo, podemos ser conducidos en esa dirección. Éste es un ejemplo de la ignorancia cultural que describíamos antes.

Aunque los reinos les pueden sonar fantasiosos para los occidentales, podemos reconocer la manifestación de los seis reinos en nuestras propias experiencias, en nuestras vidas oníricas y de vigilia, y en las vidas de las personas cercanas a nosotros. Por ejemplo, en ocasiones podemos sentirnos perdidos. Sabemos cómo comportarnos en nuestra rutina diaria, pero su significado nos elude. El significado ha desaparecido, no a través de la liberación, sino por la falta de comprensión. Tenemos sueños en los que estamos en el barro, o en un lugar oscuro, o en una calle sin señales. Llegamos a una habitación que no tiene salida, o nos sentimos confundidos respecto a qué dirección tomar. Esto puede ser una manifestación de la ignorancia, el reino animal. (Esta ignorancia no es la misma que la ignorancia innata. En lugar de eso es un embotamiento, una falta de inteligencia).

Cuando estamos absortos en una distracción placentera, disfrutando de períodos nebulosos de placer y felicidad, experimentamos algo del reino de los dioses. Pero estos períodos acaban llegando a su fin. Y mientras duran, nuestra percepción debe estar restringida. Debemos permanecer en una especie de superficialidad y evitar examinar en profundidad la situación de nuestro entorno, evitar ser conscientes del sufrimiento que nos rodea. Es bueno disfrutar de momentos placenteros en nuestras vidas, pero si no practicamos, si no continuamos liberándonos de las identidades restrictivas y erróneas, al final atravesaremos el período placentero y caeremos, sin estar preparados, en un estado más difícil en el que probablemente nos perderemos en algún tipo de sufrimiento. Al final de una fiesta o de un día muy placentero suele haber una especie de bajón o depresión al volver a casa. O es posible que después de un fin de semana feliz nos sintamos muy desilusionados al regresar al trabajo.

Todos tenemos períodos en los que experimentamos diferentes reinos: la felicidad del reino de los dioses, quizás cuando estamos de vacaciones o dando un paseo con amigos; el dolor de la codicia cuando vemos algo que sentimos que queremos tener; la vergüenza del orgullo herido; las punzadas de los celos; el infierno de la amargura y el odio; el embotamiento y la confusión de la ignorancia. Vamos de la experiencia de un reino a otro fácilmente y con frecuencia. Todos hemos tenido la experiencia de estar en un estado de ánimo de felicidad, conectados al reino de los dioses: el día está soleado, la gente nos parece guapa y nos sentimos bien con nosotros mismos. Entonces recibimos una mala noticia o un amigo nos dice algo que nos duele. Súbitamente, el mundo parece haber cambiado. La risa nos parece hueca, el cielo es frío e indiferente, ya no encontramos atractivas a las otras personas y no la pasamos bien. Hemos cambiado de dimensión de la experiencia y el mundo parece haber cambiado con nosotros. De esa misma manera, los seres de los otros reinos permanecen conectados a todos los demás reinos: tanto un gato como un semidios pueden experimentar ira, celos, ansia emocional, etc.

Durante nuestra vida onírica también experimentamos los seis reinos. De la misma manera en que las seis emociones negativas determinan la calidad de nuestra experiencia durante el día, también dan forma al sentimiento y al contenido de los sueños. Los sueños son de una variedad infinita, pero todos los sueños kármicos están conectados con una de las seis dimensiones, o con más de una.

Abajo hay una breve descripción de los seis reinos. Tradicionalmente, los reinos son presentados como descripciones de los lugares y los seres que los habitan. Los infiernos, por ejemplo, son dieciocho: nueve calientes y nueve fríos. Todos los detalles en las descripciones tradicionales tienen significado, pero aquí nos estamos concentrando en las experiencias de los reinos en el presente, en esta vida. Conectamos energéticamente con cada dimensión de la experiencia a través de un centro de energía (*chakra**) en el cuerpo. Las ubicaciones aparecen en un cuadro más abajo. Los chakras son importantes en muchas de las distintas prácticas y tienen un papel central en el yoga de los sueños.

Reino	Emoción principal	Chakra
Dioses (Devas)	Distracción placentera	Coronilla
Semidioses (Asuras)	Envidia	Garganta
Humanos	Celos	Corazón
Animales	Ignorancia	Ombligo
Espíritus hambrientos (Pretas)	Codicia	Órganos sexuales
Infiernos	Odio	Plantas de los pies

El reino de los infiernos

La ira es la emoción que germina el reino de los infiernos. Cuando los rastros kármicos de la ira se manifiestan, existen muchas expresiones posibles, como la aversión, la tensión, el resentimiento, la crítica, la discusión y la violencia. Gran parte de la destrucción de las guerras es provocada por la ira, y muchas personas mueren cada día como resultado de la ira. Sin embargo, la ira nunca resuelve ningún problema. Cuando la ira nos invade, perdemos el control y la conciencia de nosotros mismos. Cuando nos encontramos atrapados o victimizados por el odio, la violencia y la ira, estamos participando en el reino de los infiernos. El centro energético de la ira se encuentra en las plantas de los pies. El antídoto para la ira es el amor incondicional puro, el cual surge del yo no condicionado.

Tradicionalmente, se dice que los infiernos están compuestos de nueve infiernos calientes y nueve infiernos fríos. Los seres que viven ahí sufren inmensamente, siendo torturados hasta la muerte, y luego regresan de forma instantánea a la vida, una y otra vez.

El reino de los espíritus hambrientos

La codicia es la emoción seminal del reino de los espíritus hambrientos (*preta*). La codicia surge como un sentimiento de necesidad excesiva que no puede ser satisfecha. El intento de satisfacer la codicia es como beber agua salada cuando estamos sedientos. Cuando estamos perdidos en la codicia, miramos hacia afuera en lugar de mirar hacia adentro en busca de satisfacción, pero nunca hallamos lo suficiente para llenar el vacío del que queremos escapar. La verdadera hambre que sentimos es la del conocimiento de nuestra verdadera naturaleza.

La codicia está asociada al deseo sexual; su centro energético en el cuerpo es el chakra que se encuentra detrás de los genitales. La generosidad, el dar abiertamente lo que los demás necesitan, desata el duro nudo de la codicia.

Tradicionalmente, los pretas son representados como unos seres con unas barrigas inmensas y hambrientas, y unas bocas y unas gargantas diminutas. Algunos habitan en tierras desérticas en las que no se ha visto ni una gota de agua en cientos de años. Otros pueden encontrar alimentos y bebida, pero si ellos engullen incluso un poquito con sus diminutas bocas, la comida estalla en llamas en sus estómagos y provoca un dolor intenso. Existen muchos tipos de sufrimientos para los pretas, pero todos son el resultado de la mezquindad y la oposición a la generosidad de los demás.

El reino de los animales

La ignorancia es la semilla del reino animal, el cual se experimenta como la sensación de estar perdido, apagado, vacilante o ignorante. Muchas personas experimentan una oscuridad y una tristeza que tienen su origen en esta ignorancia; sienten una necesidad, pero ni siquiera saben lo que quieren o qué hacer para contentarse. En Occidente, se considera que una persona es feliz si está continuamente ocupada, y sin embargo podemos estar perdidos en la ignorancia en medio de nuestras ocupaciones cuando no conocemos nuestra verdadera naturaleza.

El chakra asociado a la ignorancia se encuentra en el centro del cuerpo, a la altura del ombligo. El antídoto para la ignorancia es la sabiduría que hallamos cuando nos volvemos hacia nuestro interior y llegamos a conocer a nuestro verdadero ser.

Los seres en el reino de los animales están dominados por la oscuridad de la ignorancia. Los animales viven con miedo debido a la constante amenaza de los otros animales y de los humanos. Incluso los animales grandes son atormentados por los insectos que penetran en su piel y se alimentan de su carne. A los animales domesticados se les ordeñada, se les obligada a llevar carga, se les castra, se perfora su nariz y se les monta, sin que puedan escapar. Los animales sienten dolor y placer, pero están dominados por la ignorancia que les impide ver más allá de las circunstancias de sus vidas para encontrar su verdadera naturaleza.

El reino de los humanos

Los celos es la emoción seminal del reino de los humanos. Cuando estamos poseídos por los celos, queremos aferrarnos a lo que tenemos y mantenerlo cerca: una idea, una posesión, una relación. Vemos la fuente de la felicidad como algo externo a nosotros, lo cual nos lleva a un mayor apego al objeto de nuestro deseo.

Los celos están relacionados con el centro del corazón en el cuerpo. El antídoto para los celos es una gran apertura del corazón, la apertura que surge cuando conectamos con nuestra verdadera naturaleza.

Para nosotros resulta fácil observar el sufrimiento de nuestro propio reino. Experimentamos el nacimiento, la enfermedad, la vejez y la muerte. Estamos plagados de pérdidas debido a los constantes cambios. Cuando alcanzamos el objeto de nuestro deseo, nos esforzamos por retenerlo, pero su eventual pérdida es segura. En lugar de regocijarnos en la felicidad de los demás, a menudo somos víctimas de la envidia y los celos. A pesar de que el nacimiento humano es considerado la mayor buena fortuna porque los humanos tenemos la oportunidad de escuchar y practicar las enseñanzas, solamente una pequeña minoría llega a encontrar el camino que conduce a esta gran oportunidad y la aprovecha.

El reino de los semidioses

El orgullo es la principal aflicción de los semidioses (asuras). El orgullo es un sentimiento conectado a los logros y suele ser territorial. Una de las causas de las guerras es el orgullo de las personas y de las naciones que creen tener la solución a los problemas de los otros. Hay un aspecto oculto del orgullo que se manifiesta cuando creemos ser peores que los demás en una determinada habilidad o cualidad, un egocentrismo negativo que nos diferencia de los demás.

El orgullo está asociado al chakra de la garganta, suele manifestarse en actos iracundos y su antídoto es la gran paz y humildad que surge cuando descansamos en nuestra propia naturaleza.

Los asuras disfrutan del placer y la abundancia, pero tienden a la envidia y a la ira. Luchan continuamente unos contra otros, pero su mayor sufrimiento ocurre cuando declaran la guerra a los dioses, quienes disfrutan de una abundancia incluso mayor que la de los semidioses. Los dioses son más poderosos que los asuras y son muy difíciles de matar. Siempre ganan las guerras, y los asuras sufren la devastación emocional del orgullo herido y la envidia, lo cual hace que se sientan disminuidos y, a su vez, los impulsa a entrar en guerras inútiles una y otra vez.

El reino de los dioses

La distracción placentera es la semilla del reino de los dioses. En este reino, las cinco emociones negativas están presentes en la misma medida, equilibradas como cinco voces armoniosas en un coro. Los dioses están perdidos en una embriagadora sensación de dicha perezosa y placer egoísta. Ellos disfrutan de una gran riqueza y comodidad en sus vidas que duran lo que dura un eón. Aparentemente, todas las necesidades son satisfechas y todos los deseos saciados. Como ocurre con algunas personas y sociedades, los dioses llegan a quedarse atrapados en el placer y la búsqueda del placer. No tienen ningún sentido de la realidad más allá de su experiencia. Perdidos en diversiones y placeres vacuos, están distraídos y no se dirigen hacia el camino de la liberación.

Pero la situación acaba cambiando cuando se agotan las causas kármicas para la existencia en el reino de los dioses. Cuando finalmente la muerte se acerca, el dios agonizante es abandonado por sus amigos y compañeros, los cuales son incapaces de enfrentar la prueba de su propia mortalidad. El cuerpo que había sido perfecto envejece y se deteriora. El período de felicidad ha llegado a su fin. Con ojos divinos, el dios puede ver las condiciones del reino del sufrimiento en el que él (o ella) está destinado a renacer, e incluso antes de la muerte comienza el sufrimiento de esa vida futura.

El reino de los dioses está asociado al chakra de la coronilla de la cabeza. El antídoto para la dicha egoísta de los dioses es la compasión inclusiva que surge espontáneamente a través de la percepción de la realidad que subyace al Yo y al mundo.

¿Por qué emociones «negativas»?

Muchas personas en Occidente se sienten incómodas cuando oyen decir que las emociones son catalogadas como negativas, pero no es que las emociones en sí mismas sean negativas. Todas las emociones ayudan a la supervivencia y son necesarias para la gama completa de expresiones humanas, incluidas las emociones de apego, ira, orgullo, celos, etc. Sin las emociones no podríamos vivir plenamente.

No obstante, las emociones son negativas en la medida en que nos quedamos atrapados en ellas y perdemos contacto con los aspectos más profundos de nosotros mismos. Son negativas si reaccionamos a ellas con avidez o aversión, porque entonces sufrimos una restricción de la consciencia y la identidad. Entonces sembramos las semillas de futuras condiciones negativas que nos atrapan en los reinos del sufrimiento, tanto en esta vida como en las vidas subsiguientes, en los que puede resultarnos difícil tomar el camino espiritual. Y este resultado es negativo cuando lo comparamos con una identidad más amplia y particularmente cuando lo comparamos con la liberación de todas las identidades artificiales y limitadas. Por este motivo es importante pensar en los reinos no sólo como emociones, sino también como seis dimensiones de la consciencia y la experiencia.

Existen diferencias culturales en lo que se refiere a las emociones. Por ejemplo, el miedo y la tristeza no se mencionan frecuentemente en las enseñanzas, pero la mayor parte del samsara está teñido de ambas emociones. Y el concepto de odio hacia uno mismo es desconocido para los tibetanos, los cuales no tienen palabras para describirlo. Cuando fui a Finlandia, muchas personas me hablaron de la depresión, lo cual contrastaba con Italia, donde yo acababa de estar y donde la gente habla muy poco de ella. El clima, la religión, las tradiciones y los sistemas de creencias espirituales nos condicionan y afectan a nuestra experiencia, pero el mecanismo subyacente de la forma en que estamos atascados (la avidez y la aversión, la proyección y la interacción dualista con lo que proyectamos) es el mismo en todas partes. Esto es lo que es negativo en la experiencia emocional.

Si verdaderamente comprendiéramos y experimentáramos la naturaleza vacua de la realidad, no habría apego y, por lo tanto, tampoco formas tan absolutas de la emoción, pero al ignorar la verdadera naturaleza del fenómeno, nos aferramos a las proyecciones de la mente como si fueran reales. Desarrollamos una relación dualista con las ilusiones, sentimos ira o avaricia o alguna otra reacción emocional en relación a ellas. En la realidad absoluta no hay ninguna entidad individual que sea el objeto de nuestra ira, o de cualquier emoción. No hay absolutamente ninguna razón para enojarse. Nosotros creamos la historia, las proyecciones y la ira al mismo tiempo.

Con frecuencia, en Occidente, la comprensión de las emociones es utilizada en la psicología para intentar mejorar las vidas de las personas en el samsara. Eso es bueno. No obstante, el sistema tibetano tiene un objetivo distinto y su propósito es entender las emociones para que podamos liberarnos de las limitaciones y los puntos de vista erróneos a los que nos aferramos a través del apego emocional. Una vez más, esto no quiere decir que las emociones sean negativas en sí mismas, sino que son negativas en la medida en que nos aferramos a ellas o huimos de ellas.

3

El cuerpo energético

Todas las experiencias, en el estado de vigilia y en el estado del sueño, tienen una base energética. Esta energía vital se denomina *lung** en tibetano, pero es más conocida en Occidente por su término sánscrito: *prana**. La estructura subyacente de cualquier experiencia es una combinación precisa de varias condiciones y causas. Si somos capaces de entender por qué y cómo está ocurriendo una experiencia y reconocemos sus dinámicas mentales, físicas y energéticas, entonces podemos reproducir esas experiencias o modificarlas. Esto nos permite generar experiencias que refuerzan la práctica espiritual y evitar aquellas que son perjudiciales.

Los canales y el prana

En la vida cotidiana adoptamos diferentes posiciones corporales sin pensar en sus efectos. Cuando queremos relajarnos y hablar con los amigos, vamos a una habitación en la que hay sillas cómodas o sofás. Esto aumenta la experiencia de calma y relajación y favorece la conversación fácil. Pero cuando estamos activos en conversaciones de negocios, vamos a una oficina en la cual las sillas nos mantienen más erguidos y menos relajados. Eso es más propicio para los negocios y las actividades creativas. Si queremos descansar en silencio, podemos ir a la terraza y sentarnos en otro tipo de silla que esté situado de tal manera que podamos disfrutar del paisaje y del fluir del aire. Cuando nos sentimos cansados, vamos a nuestro dormitorio y adoptamos una postura totalmente distinta para inducir el sueño.

De una forma similar, en los diferentes tipos de meditación adoptamos diversas posturas para modificar el fluir del prana en el cuerpo mediante la manipulación de los canales* (*tsa**), que son los conductos de la energía, y para abrir los diferentes puntos focales energéticos: los chakras. Hacer esto produce distintos tipos de experiencias y, además, es la base de los movimientos del yoga. Guiar conscientemente la energía en nuestro cuerpo permite un desarrollo más fácil y más rápido de la práctica de la meditación que el que tendría lugar si dependiéramos sólo de la mente. Esto también nos permite superar ciertos obstáculos en la práctica. Sin utilizar el conocimiento del prana y su movimiento en el cuerpo, la mente puede quedar entrampada en sus propios procesos.

Los canales, el prana y los chakras están involucrados en la muerte así como en la vida. La mayor parte de las experiencias místicas, así como las experiencias en el estado intermedio después de la muerte, son el resultado de abrir y cerrar los puntos de energía. Muchos de los libros que tratan sobre el fenómeno de las experiencias cercanas a la muerte contienen descripciones de las luces y visiones que las personas experimentan cuando se inicia el proceso de la muerte. Según la tradición tibetana, estos fenómenos tienen que ver con el movimiento del prana. Los canales están asociados a los diferentes elementos, y durante la disolución de los elementos en la muerte, cuando los canales se deterioran, la energía liberada se manifiesta en la experiencia como luz y color. Las enseñanzas describen en gran detalle qué luz coloreada corresponde a la disolución de qué canal, dónde se encuentra en el cuerpo y con qué emoción está relacionada.

Hay una considerable variación en la forma en que se presentan estas luces a las personas en el momento de la muerte, porque están relacionadas con los aspectos emocionales negativos y de sabiduría positiva de la consciencia. La persona promedio experimenta emociones en el momento de la muerte, y la emoción dominante determina las luces y los colores que se manifiestan. Con frecuencia, inicialmente sólo hay una experiencia de luces de colores en la que uno de los colores predomina, pero también puede darse el caso de que predominen unos pocos colores o que haya una combinación de muchos colores. Luego la luz empieza a formar diferentes imágenes, como lo hace en un sueño: imágenes de casas, castillos, mandalas, personas, deidades o de prácticamente cualquier otra cosa. Cuando estamos muriendo, podemos identificar esas visiones como entidades samsáricas, en cuyo caso estamos gobernados por nuestras reacciones a ellas mientras avanzamos hacia nuestro siguiente nacimiento, o como experiencias meditativas, lo cual nos da la oportunidad de la liberación o al menos la posibilidad de influir conscientemente en nuestro siguiente nacimiento en una dirección positiva.

Los canales (tsa)

Existen muchos tipos distintos de canales en el cuerpo. Conocemos los canales más ordinarios a través del estudio médico de la anatomía, de la cual aprendemos acerca de los vasos sanguíneos, la circulación linfática, la red de los nervios, etc. También hay canales, como los reconocidos en la acupuntura, que son conductos para las formas de prana más sustanciales. En el yoga de los sueños estamos interesados en una energía psíquica incluso más sutil que subyace tanto a la sabiduría como a las emociones negativas. Los conductos que llevan esta energía tan sutil no pueden ser ubicados en la dimensión física, pero podemos percibirlos.

Existen tres canales principales y hay seis chakras importantes que se encuentran dentro y encima de ellos. De esos seis chakras salen trescientas sesenta ramificaciones que se extienden por todo el cuerpo. En las mujeres, los tres canales principales son el canal rojo en el lado derecho del cuerpo, el canal blanco en el lado izquierdo y el canal azul central. En los hombres, el canal derecho es blanco y el izquierdo es rojo. Los tres canales principales se unen aproximadamente unos diez centímetros por debajo del ombligo. Los dos canales laterales, que tienen el diámetro de un lápiz, ascienden por ambos lados y por delante de la columna vertebral, pasan a través del cerebro, se enrollan debajo del cráneo en la parte superior de la cabeza y se abren en las fosas nasales. El canal central asciende en línea recta entre ellos, delante de la columna vertebral. Tiene el diámetro de un bastón y se ensancha ligeramente desde el área del corazón hasta la coronilla de la cabeza, donde acaba.

El canal blanco (el derecho en los hombres y el izquierdo en las mujeres) es el canal a través del cual se mueven las energías de las emociones negativas. A veces este canal es conocido como el canal del método. El canal rojo (el izquierdo en los hombres y el derecho en las mujeres) es el conducto de las energías positivas o de la sabiduría. Por lo tanto, en la práctica de los sueños, los hombres duermen sobre su costado derecho y las mujeres sobre su costado izquierdo con la finalidad de poner presión sobre el canal blanco y así cerrarlo ligeramente al tiempo que se abre el canal rojo de la sabiduría. Esto contribuye a tener mejores experiencias en los sueños, incluyendo una experiencia emocional más positiva y una mayor claridad.

El canal central azul es el canal de la no dualidad. Es ahí donde se mueve la energía de la conciencia primordial (rigpa). La práctica de los sueños, en definitiva, lleva a la consciencia y el prana hacia el canal central, donde está más allá de las experiencias positivas y negativas. Cuando esto ocurre, el practicante se da cuenta de la unidad de todas las aparentes dualidades. Generalmente, cuando las personas tienen experiencias místicas, grandes experiencias de dicha o vacío o claridad o rigpa, éstas están basadas en el canal central.

El prana (lung)

Soñar es un proceso dinámico. A diferencia de las imágenes estáticas de un rollo de película que usamos como metáfora, las imágenes en un sueño son fluidas: se mueven, los seres hablan, los sonidos vibran y la sensación es vívida. El contenido de un sueño es formado por la mente, pero la base de la vitalidad y la vivacidad del sueño es el prana. La traducción literal de la palabra tibetana para decir prana, *lung*, es «aliento», pero es más descriptivo llamarla la fuerza del aliento vital.

El prana es la energía esencial de toda experiencia, de toda vida. En Oriente, la gente practica las posturas del yoga y varios ejercicios de respiración para fortalecer y refinar la fuerza del aliento vital para equilibrar el cuerpo y la mente. Algunas de las antiguas enseñanzas esotéricas tibetanas describen dos tipos distintos de prana: prana kármico y prana de la sabiduría.

El prana kármico

El prana kármico es la base energética de los rastros kármicos que se producen como resultado de todas las acciones positivas, negativas y neutras. Cuando los rastros kármicos son activados por las causas secundarias apropiadas, el prana kármico los energiza y les permite tener un efecto en la mente, el cuerpo y los sueños. El prana kármico es la vitalidad de las energías negativas y de las positivas en los dos canales laterales.

Cuando la mente está inestable, distraída o desconcentrada, el prana kármico se mueve. Esto quiere decir, por ejemplo, que cuando surge una emoción y la mente no tiene control sobre ella, el prana kármico lleva a la mente a donde le place. Nuestra atención se mueve de aquí para allá, empujada y atraída por la aversión y el deseo.

En el camino espiritual es necesario desarrollar la estabilidad mental para hacer que la mente sea fuerte y esté presente y centrada. Entonces, incluso cuando aparecen las fuerzas de las emociones negativas, no somos empujados hacia la distracción por los vientos kármicos. En el yoga de los sueños, una vez que hemos desarrollado la habilidad de tener sueños lúcidos, debemos ser suficientemente estables en la presencia para estabilizar los sueños producidos por el movimiento del prana kármico y para desarrollar el control de los sueños. Hasta que esta práctica esté desarrollada, en algunas ocasiones el soñador controlará el sueño y en otras el sueño lo controlará a él.

Aunque algunas corrientes psicológicas occidentales creen que el soñador no debería controlar el sueño, según las enseñanzas tibetanas este punto de vista es erróneo. Es mejor que el soñador lúcido y consciente controle el sueño, y no que el soñador sea soñado. Lo mismo se aplica a los pensamientos: es mejor que el pensador controle los pensamientos, y no que los pensamientos controlen al pensador.

Los tres tipos de prana kármico

Algunos textos del yoga tibetano describen tres tipos de prana kármico: el prana suave, el prana agitado y el prana neutral. El prana suave hace referencia al prana de la sabiduría virtuosa, el cual se mueve a través del canal rojo de la sabiduría. El prana agitado se refiere al prana de las emociones negativas, el cual se mueve a través del canal blanco. En esta clasificación, tanto el prana de la sabiduría virtuosa como el prana emocional son prana kármico.

El prana neutral, como su nombre sugiere, no es ni virtuoso ni no virtuoso, pero aun así es prana kármico. Se extiende por todo el cuerpo. La experiencia del prana neutral lleva al practicante a la experiencia del prana natural primordial, que no es prana kármico, sino la energía de rigpa no dual que reside en el canal central.

El prana de la sabiduría

El prana de la sabiduría (*ye lung*) no es prana kármico y no hay que confundirlo con el karma de la sabiduría virtuosa descrito en la sección anterior.

En el primer momento de cualquier experiencia, antes de que ocurra una reacción, sólo hay percepción pura. El prana involucrado en este puro experimentar es el prana de la sabiduría primordial, la energía que subyace a la experiencia anterior al apego o la aversión, o libre de ellos. Esta experiencia pura no deja un rastro y no es la causa de ningún sueño. El prana de la sabiduría se mueve por el canal central y es la energía de rigpa. Este momento es muy breve, un destello de experiencia pura del que normalmente no somos conscientes. Lo que nosotros pensamos que es nuestra experiencia es nuestra reacción a este momento, nuestro apego y nuestra aversión.

La actividad pránica

El maestro tibetano Long-chen-pa dice en un texto que en un solo día hay 21.600 movimientos del prana. Independientemente de si la tomamos de una forma literal, esta afirmación indica que cada día hay una enorme actividad del prana y de los pensamientos.

Equilibrar el prana

Ésta es una práctica sencilla que uno puede realizar para equilibrar el prana. Los hombres deben usar el dedo anular izquierdo y exhalar con fuerza a través de la fosa nasal derecha. Imagina que todo el estrés y todas las emociones negativas fluyen hacia afuera con cada exhalación. A continuación, cierra la fosa nasal derecha con el dedo anular derecho e inhala con profundidad, muy suavemente, a través de la fosa nasal izquierda. Después de haber inhalado, deja que todo el aire, el prana, se difunda por todo el cuerpo mientras contienes la respiración durante un breve período. Luego exhala suavemente y permanece en un estado de calma.

Las mujeres deben invertir el orden. Empieza cerrando la fosa nasal derecha con el dedo anular derecho y exhala con fuerza a través de la fosa nasal izquierda, vaciando los pulmones. Luego cierra la fosa nasal izquierda con el dedo anular izquierdo e inhala suave y profundamente a través de la fosa nasal derecha, inspirando el sereno prana de la sabiduría. Luego exhala suavemente y permanece en un estado de calma.

Repetir esto varias veces hará que tu energía se equilibre. El prana emocional agitado es exhalado a través del canal blanco y el alegre prana de la sabiduría es inhalado a través del canal rojo. Deja que el prana neutral se extienda por todo tu cuerpo. Permanece en esa serenidad.

El prana y la mente

Todos los sueños están relacionados con alguno de los seis reinos o con más de uno. La conexión energética entre la mente y el reino se realiza a través de partes específicas del cuerpo. ¿Cómo es esto posible? Nosotros decimos que la consciencia está más allá de la forma, el color, el tiempo o el tacto; entonces, ¿cómo puede estar conectada a un lugar? La mente fundamental está más allá de cualquiera de esas distinciones, pero las cualidades que surgen en la consciencia están influenciadas por los fenómenos de la experiencia.

Podemos investigar esta pregunta. Ve a algún lugar tranquilo, a un templo hermoso en el que se oigan cantos melodiosos y esté inundado por el olor del incienso, o a la gruta verde de una pequeña cascada. Cuando entramos en un lugar así, es como si recibiéramos una bendición. La cualidad de la experiencia es afectada porque el entorno físico afecta al estado de la consciencia. Esto también se aplica a las influencias negativas. Cuando visitamos un lugar en el que han ocurrido atrocidades, nos sentimos intranquilos; decimos que el lugar tiene «mala energía».

Lo mismo ocurre internamente, dentro de nuestros cuerpos. Cuando hablamos de llevar la mente a un chakra, al chakra del corazón por ejemplo, ¿qué queremos decir? ¿Qué significa que la mente está en un lugar? La mente no es algo que pueda ser localizado en el sentido de que pueda ser contenido en un área pequeña. Cuando «ponemos» la mente en algún lugar, estamos poniendo ahí nuestra atención: estamos creando imágenes en nuestra mente o dirigiendo la atención a un objeto de los sentidos. Cuando concentramos la mente en algo, el objeto de nuestra concentración afecta a la cualidad de la consciencia y ocurren cambios correlacionados en el cuerpo.

Este principio subyace a las prácticas de sanación que utilizan imágenes mentales. La visualización produce cambios en nuestros cuerpos. Los estudios occidentales están demostrando la verdad de esta afirmación y actualmente la medicina occidental está usando el poder de la visualización incluso para enfermedades graves como el cáncer. La tradición Bön de sanación suele utilizar la visualización de los elementos: fuego, agua y viento. En lugar de tratar los síntomas de la enfermedad, el seguidor de la tradición Bön generalmente intenta purificar el condicionamiento subyacente de la mente, las emociones negativas y los rastros kármicos que se piensa que crean la susceptibilidad a la enfermedad.

Los canales

Podemos visualizar un fuego intenso, por ejemplo, en respuesta a una enfermedad. Visualizamos formas triangulares rojas e intentamos experimentar con la imaginación un calor tan intenso como el que emana de un volcán que se mueve a través de nuestro cuerpo como llamaradas. Podemos realizar un determinado ejercicio de respiración para generar incluso más calor. De esta manera, utilizamos la mente y sus imágenes para afectar al cuerpo, a las emociones y a la energía. Y hay un resultado, a pesar de que no hemos accionado ningún interruptor en el mundo exterior. De la misma manera en que la medicina occidental puede usar una terapia de radiación para intentar quemar células cancerígenas, nosotros utilizamos el fuego interior para quemar los rastros kármicos. Además, para que esta práctica sea efectiva, la intención debe ser clara. No se trata de un simple proceso mecánico, sino de uno que utiliza la comprensión del karma, la mente y el prana para ayudar en la sanación. Esta práctica tiene la ventaja de que intenta resolver la causa de la enfermedad, en lugar de tratar los síntomas, y no tiene efectos secundarios. Ciertamente, también es bueno beneficiarnos de la medicina occidental siempre que sea posible. En lugar de limitarnos a un sistema en particular, es mejor utilizar todo lo que sea beneficioso para nosotros.

Los chakras

En la práctica de los sueños, dirigimos nuestra atención a diferentes áreas del cuerpo: a los chakras de la garganta, de la frente y del corazón, y al chakra secreto, que se encuentra detrás de los genitales. Un chakra es una rueda de energía, un nexo de conexiones energéticas. Los canales de energía se encuentran en determinados lugares en el cuerpo y las uniones de los canales forman los patrones energéticos que son los chakras. Los chakras principales son puntos en los que se unen varios canales.

Los chakras no son realmente como las imágenes que se dibujan para representarlos: flores de loto que se abren y se cierran, que tienen un determinado número de pétalos y cierto color. Esas imágenes son únicamente apoyos simbólicos para la mente (como mapas) que utilizamos para ayudar a centrar la atención en los patrones de energía que existen en el lugar donde se encuentran los chakras. Los chakras fueron descubiertos inicialmente a través de la práctica, a través de las percepciones de diferentes practicantes. Cuando estos practicantes tuvieron al principio las experiencias de los chakras, no había ningún lenguaje que pudiera describir sus descubrimientos para aquellas personas que no habían tenido la misma experiencia. Entonces se crearon imágenes que permitieran ser utilizadas como metáforas visuales y con las que la gente se pudiera relacionar. Las distintas imágenes de flores de loto, por ejemplo, sugerían que la energía alrededor del chakra se expendía y contraía como una flor que se abre y cierra; un chakra era percibido de una forma distinta a otro y esas diferencias estaban representadas por los diferentes colores; y las experiencias de diversas concentraciones y complejidades de energía en los diferentes chakras estaban representadas por los diferentes números de pétalos. Estas metáforas visuales se convirtieron en el lenguaje utilizado para articular las experiencias de los centros de energía en el cuerpo. Cuando un nuevo practicante visualiza el número correcto de pétalos en el lugar correcto del cuerpo y con el color correcto, entonces el poder de la mente afecta a ese punto energético en particular y, a su vez, es influida por ese punto. Cuando esto ocurre, decimos que la mente y el prana están unificados en el chakra.

Caballo ciego, jinete lisiado

Por las noches, cuando nos quedamos dormidos, generalmente lo hacemos sin tener mucha idea de lo que está ocurriendo. Simplemente nos sentimos cansados, cerramos los ojos y nos dejamos llevar. Quizás tengamos alguna idea acerca de lo que es el acto de dormir (sangre en el cerebro, hormonas o algo por el estilo), pero el proceso de quedarnos dormidos en sí mismo sigue siendo un misterio inexplorado.

La tradición tibetana explica el proceso de quedarse dormido utilizando una metáfora para la mente y el prana. Con frecuencia, el prana es comparado a un caballo ciego y la mente a una persona incapaz de caminar. Por separado, están incapacitados, pero juntos crean una unión funcional. Cuando el caballo y el jinete están juntos, empiezan a galopar, generalmente con poco control sobre el lugar hacia el que se dirigen. Sabemos esto por nuestra propia experiencia: podemos «poner» la mente en un chakra centrando la atención ahí, pero no es fácil mantener a la mente en un solo lugar. La mente está siempre moviéndose, pues nuestra atención va de aquí a allá. Normalmente, en los seres samsáricos, el caballo y el jinete galopan a ciegas a través de una de las seis dimensiones de la consciencia, uno de los seis estados emocionales negativos.

Cuando nos quedamos dormidos, por ejemplo, perdemos la conciencia del mundo sensorial. La mente es llevada de aquí a allá, montada en el caballo ciego del prana kármico, hasta que se concentra en un determinado chakra donde es influida por una determinada dimensión de la consciencia. Quizás hayas tenido una discusión con tu pareja y esa situación (condición secundaria) activa un rastro kármico asociado al chakra del corazón, lo cual lleva a tu mente hacia esa parte del cuerpo. La subsiguiente actividad de la mente y el prana se manifiesta en las imágenes e historias particulares del sueño.

La mente no es impulsada al azar hacia uno u otro chakra, sino que es atraída hacia las partes del cuerpo y las situaciones en la vida que necesitan atención y sanación. En el ejemplo, es como si el chakra del corazón estuviera pidiendo ayuda a gritos. El rastro perturbador será sanado al manifestarse en el sueño y agotarse. Sin embargo, a menos que la manifestación tenga lugar mientras el soñador está centrado y consciente, las reacciones a ella estarán dictadas por las tendencias kármicas habituales y crearán más semillas kármicas.

Como una analogía, podríamos pensar en un ordenador. Los chakras son como los distintos archivos. Haz «clic» en el directorio «Prana y Mente» y luego abre el archivo del chakra del corazón. La información contenida en el archivo (los rastros kármicos asociados al chakra del corazón) se mostrará en la pantalla de la conciencia. Esto es como el sueño manifestándose.

Luego quizás una situación en el sueño provoque otra respuesta que energice una emoción distinta. Ahora el sueño se convierte en la causa secundaria que permite que se manifieste otro rastro kármico. Entonces la mente viaja hasta el centro del ombligo y entra en un reino de la experiencia distinto. El carácter del sueño cambia. Ya no estás celoso; en lugar de eso, estás en una calle en la que no hay señales o en un lugar muy oscuro. Estás perdido. Intentas ir a alguna parte pero no encuentras el camino. Estás en el reino de los animales, la dimensión que está más conectada a la ignorancia.

Básicamente, así es cómo toma forma el contenido de un sueño. La mente y el prana son atraídos hacia varios chakras en el cuerpo, y al ser afectados por los rastros kármicos asociados a ellos, experiencias de las diferentes dimensiones surgen en la mente en la forma del carácter y el contenido del sueño. Podemos utilizar este entendimiento para examinar nuestros sueños de otra manera, para ver qué emoción y qué reino están conectados al sueño. Y también es provechoso entender que cada sueño nos ofrece una oportunidad para sanar y para la práctica espiritual.

Fundamentalmente, lo que queremos es estabilizar la mente y el prana en el canal central, en lugar de dejar que la mente sea atraída hacia un determinado chakra. El canal central es la base energética de las experiencias de rigpa, y las prácticas que realizamos en el yoga de los sueños tienen como objetivo llevar a la mente y al prana hacia el canal central. Cuando esto ocurre, nos mantenemos en una conciencia clara y una fuerte presencia. Soñar en el canal central es soñar libres de las influencias intensas de las emociones negativas. Es una situación equilibrada que permite que se manifiesten sueños de conocimiento y claridad.

4

Resumen: Cómo surgen los sueños

Antes de la realización, la verdadera naturaleza de la persona es oscurecida por la ignorancia primordial que da origen a la mente conceptual. Atrapada en la visión dualista, la mente conceptual divide la perfecta unidad de la experiencia en entidades conceptuales y luego se relaciona con esas proyecciones mentales como si existieran inherentemente como seres y cosas individuales. La dualidad primaria divide la experiencia en yo y el otro, y a partir de la identificación con un solo aspecto de la experiencia, el yo, se desarrollan las preferencias. Esto da como resultado el surgimiento de la aversión y el deseo, los cuales se convierten en la base de las acciones físicas y mentales. Estas acciones (karmas) dejan rastros en la mente de la persona en forma de tendencias condicionadas, lo que provoca más apego y aversión, lo cual produce nuevos rastros kármicos y así sucesivamente. Éste es el círculo vicioso del karma.

Cuando dormimos, la mente se retira del mundo sensorial. Los rastros kármicos que son estimulados actualmente por las causas secundarias necesarias para su manifestación tienen una fuerza o una energía que se denomina el prana kármico. Igual que en la analogía del caballo y el jinete, la mente «monta» en el prana kármico llevándolo al centro energético del cuerpo que está relacionado con el rastro kármico que se ha activado. Es decir, la consciencia se concentra en un determinado chakra.

En esta interacción de mente, energía y significado, la consciencia se ilumina y es afectada por los rastros kármicos y las cualidades del reino asociado. El prana kármico es la energía del sueño, la fuerza vital, mientras que la mente crea las manifestaciones específicas de los rastros kármicos (el color, la luz, las emociones y las imágenes) en la historia significativa que es el sueño. Éste es el proceso que da lugar al sueño samsárico.

5

Imágenes del *Tantra Madre*

En las enseñanzas de la Gran Perfección (Dzogchen), el tema es siempre si reconocemos, o no, nuestra verdadera naturaleza y entendemos que los reflejos de esa naturaleza se manifiestan en la forma de experiencias. El sueño es un reflejo de nuestra propia mente. Esto es fácil de creer después de que despertamos, de la misma manera que los budas saben (cuando ya están iluminados) que las entidades y los objetos de samsara son ilusorios. Y así como es necesaria la práctica para reconocer la naturaleza ilusoria de un sueño cuando estamos dormidos, también debemos practicar para tomar consciencia de la naturaleza ilusoria de la vida de vigilia. Si comprendemos cómo surgen los sueños, nos puede resultar más fácil entender lo que se quiere decir con «ilusorio» y «sin una existencia inherente», y aplicar este conocimiento a nuestra experiencia, lo cual es sumamente importante. El proceso mediante el cual surge la experiencia es el mismo cuando estamos soñando que cuando estamos despiertos. El mundo es un sueño, el maestro y la enseñanza son un sueño, el resultado de nuestra práctica es un sueño; no hay ningún lugar en el que el sueño acabe hasta que somos liberados en la rigpa pura. Hasta entonces, continuamos soñándonos a nosotros mismos y soñando nuestras vidas tanto en la dimensión onírica como en la dimensión física.

No saber cómo trabajar con el pensamiento significa estar controlados por los pensamientos. Saber cómo trabajar con el pensamiento significa que el pensamiento es traído a la conciencia y utilizado para propósitos positivos y acciones virtuosas, o es liberado en su esencia vacua. Así es como se utiliza el pensamiento en el camino. De la misma manera, podemos traer el engaño, el sufrimiento y absolutamente cualquier experiencia al camino. Pero para hacerlo debemos comprender que la esencia de todo lo que aparece está vacía. Cuando comprendemos esto, entonces cada momento de la vida es libertad y todas las experiencias son una práctica espiritual: todo sonido es un mantra, toda forma es vació puro y todo sufrimiento es una enseñanza. Esto es lo que significa «transformarse en el camino».

Al darnos cuenta, de una forma directa, de que el enojo no tiene ninguna base objetiva, sino que es tan sólo un reflejo de la mente, como un sueño, el nudo se deshace y ya no hay ataduras. Cuando nos damos cuenta de que esa serpiente a la que tememos no es más que un pedazo de cuerda, y que nuestra percepción ha sido errónea, entonces el poder de su apariencia desaparece. Entender que las apariencias son luminosidad vacua nos lleva al reconocimiento de que la mente y la experiencia son una unidad.

Existe una expresión tibetana, *lhun drub*, que se traduce como «perfección espontánea», y significa que no hay ningún productor que esté produciendo nada. Todo es tal cual es y surge espontáneamente de la base como una manifestación perfecta del vacío y la claridad. Un cristal no produce luz: su función natural es simplemente irradiar luz. El espejo no escoge el rostro que va a reflejar: su naturaleza es reflejarlo todo. Cuando comprendemos que todo lo que está surgiendo, incluyendo nuestro sentido convencional del yo, no es más que una proyección de la mente, entonces somos libres. Sin esta comprensión, es como si creyéramos que un espejismo es real, o que un eco es un sonido que no es nuestro. La sensación de separación es tan fuerte que nos quedamos atrapados en un dualismo ilusorio.

El *Tantra Madre*, uno de los textos Bön más importantes, nos ofrece ejemplos, símiles y metáforas sobre las que podemos reflexionar para poder entender mejor esta naturaleza ilusoria de los sueños y de la vida de vigilia.

Reflejo. El sueño es una proyección de nuestra propia mente. No es distinto a la mente, de la misma manera en que un rayo de sol no es distinto a la luz del sol en el cielo. Si no sabemos esto, experimentamos el sueño como si fuera real, somos como un león que le gruñe a su imagen cuando la ve reflejada en el agua. En un sueño, el cielo es nuestra mente, la montaña es nuestra mente; las flores, el chocolate que comemos, las otras personas, todo es nuestra propia mente que está siendo reflejada ante nosotros.

Relámpago. En el cielo nocturno hay un relámpago. De repente, las montañas están iluminadas, cada pico es aparentemente un objeto separado, pero lo que en realidad estamos experimentando es un único destello de luz que está siendo reflejado en nuestros ojos. De la misma manera, los objetos aparentemente individuales en un sueño son en realidad la luz de nuestra mente, la luz de rigpa.

Arcoíris. Como un arcoíris, el sueño puede ser hermoso y atractivo, pero carece de sustancia; es un despliegue de luz y depende de la perspectiva del observador. Si lo perseguimos, nunca podemos alcanzarlo; no hay nada ahí. El sueño, como el arcoíris, es una combinación de condiciones a partir de las cuales surge una ilusión.

Luna. El sueño es como una luna que se refleja en muchas masas de agua distintas (en el estanque, en el pozo, en el mar), en muchas ventanas de una ciudad y en muchos cristales distintos. Pero la luna no se está multiplicando. Hay una sola luna y, de la misma manera, los diversos objetos de un sueño tienen la misma esencia.

Magia. Un mago puede hacer que la misma piedra aparezca primero como un elefante, luego como una serpiente y después como un tigre. Pero estos diferentes objetos son ilusorios, como los objetos en un sueño que están hechos a partir de la luz de la mente.

Espejismo. Debido a causas secundarias, en el desierto podemos ver un espejismo, una ciudad resplandeciente o un lago, pero cuando nos acercamos, descubrimos que ahí no hay nada. Cuando investigamos las imágenes de un sueño, descubrimos que éstas, al igual que el espejismo, son ilusiones sin sustancia, un juego de la luz.

Eco. Si hacemos un ruido fuerte en un lugar donde hay eco, ese ruido fuerte regresa a nosotros; un sonido suave nos devuelve un sonido suave, y un grito extraño nos devuelve un grito extraño. El sonido que oímos es el sonido que nosotros hicimos; de la misma manera, el contenido de un sueño que parece ser independiente de nosotros no es más que el contenido proyectado de nuestra mente que está regresando a nosotros.

Estos ejemplos subrayan la falta de una existencia inherente, y la unidad de la experiencia y el experimentador. En las enseñanzas del Sutra lo llamamos «vacío», en el tantra «ilusión» y en Dzogchen «la esfera única». El yo y el objeto de la experiencia no son dos cosas distintas. El mundo interior y exterior son nuestra propia manifestación. Todos compartimos el mismo mundo porque compartimos el mismo karma colectivo. La forma en que vemos los fenómenos de la experiencia determina los tipos de experiencias que tenemos y cómo reaccionamos a ellas. Nos creemos nuestra visión de entidades que poseen una existencia inherente, que viven como seres y cosas individuales. Cuando creemos que algo está realmente ahí, ¡entonces lo está! Tiene el poder de afectarnos. Nosotros creamos el mundo al que respondemos.

Cuando dejamos de existir, el mundo que creamos se desvanece, pero no así el mundo en el que habitan las otras personas. Nuestra percepción y la forma en que vemos todo cesa con nosotros. Si hacemos que nuestra mente conceptual se desvanezca, la pureza subyacente se manifiesta espontáneamente. Cuando sabemos de una forma directa que no hay ninguna existencia inherente en nuestro ser o en el mundo, entonces cualquier cosa que surja en nuestra experiencia carece de poder sobre nosotros. Cuando el león cree que su reflejo en el agua es algo real, se sobresalta y gruñe, pero cuando entiende la naturaleza ilusoria del reflejo, ya no reacciona con miedo. Al no tener una verdadera comprensión, reaccionamos a las proyecciones ilusorias de nuestra propia mente con apego y aversión, y creamos karma. Cuando conocemos la verdadera naturaleza vacía, entonces somos libres.

Las metáforas en la enseñanza

El *Tantra Madre* dice que la ignorancia del dormir es como un cuarto oscuro y la conciencia es la llama de una lámpara. Cuando la lámpara es encendida, la oscuridad se disipa y la habitación se ilumina.

La instrucción a través de símbolos y metáforas es la forma más poderosa de comunicar enseñanzas espirituales, pero ése es un uso del lenguaje que uno debe aprender a entender. A menudo veo que los estudiantes tienen dificultades con las metáforas, y por eso he querido añadir esta nota acerca de cuál es la mejor manera de trabajar con ellas y con las imágenes simbólicas.

Utilizar el lenguaje para evocar experiencias sensoriales es más útil en las enseñanzas que las explicaciones que se limitan a conceptos abstractos y técnicos. Aunque no es fácil comunicar la experiencia real en ninguna lengua, las imágenes utilizadas en las enseñanzas ayudan cuando son percibidas con algo más que la mente racional. Estas metáforas deben ser experimentadas, al igual que las imágenes en la poesía. Hay que reflexionar sobre ellas, ponderar, experimentar con ellas e integrarlas en nuestra experiencia.

Cuando oímos la palabra «fuego», por ejemplo, es posible que prestemos poca atención, pero si pensamos en él, dejando que surja la imagen que está detrás de la palabra, vemos el fuego y sentimos el calor. Dado que todos conocemos el fuego como algo más que una abstracción conceptual (porque todos hemos visto una llama y hemos sentido su calor sobre nuestra piel), la palabra evoca una experiencia sensual en imágenes. Un fuego arde en nuestra imaginación.

Si decimos «limón» y dejamos que la fruta emerja de la palabra, se nos hace la boca agua y nuestra lengua se contrae por la acidez. Con la palabra «chocolate», casi llegamos a sentir su sabor dulce. El lenguaje es simbólico, y para que tenga significado son necesarias la memoria, las sensaciones y la imaginación. Cuando se utilizan metáforas y símbolos en la enseñanza, lo mejor es dejar que nos afecten de esta manera. No te limites a pensar las palabras «una llama en un lugar oscuro» o «un reflejo en un espejo»; utiliza tus sentidos, tu cuerpo y tu imaginación para comprenderlas. Tenemos que ir más allá de la imagen, pero ella puede señalarnos la dirección correcta.

Cuando entramos en una casa iluminada por una lámpara, no examinamos la lámpara, la mecha y el aceite. Simplemente experimentamos la luminosidad de la habitación. Intenta hacer lo mismo con las metáforas de la enseñanza. Nuestras mentes, entrenadas para trabajar con abstracciones y con la lógica, toman una metáfora y la analizan. Le pedimos demasiado a la metáfora. Queremos saber cómo llegó la lámpara a la habitación, cómo se enciende la llama y cómo empieza el viento. Queremos saber qué tipo de espejo es, de qué está hecho y qué hay fuera del espejo para ser reflejado. En lugar de eso, permítete pensar en la imagen; intenta hallar la experiencia que se oculta en la palabra. Hay oscuridad. Se enciende una lámpara. Todos hemos conocido esa experiencia con nuestros cuerpos y con nuestros sentidos. La oscuridad es reemplazada por una luminosidad que es clara, que no tiene sustancia y que conocemos de una forma directa. Aparece un viento y la llama se apaga. Sabemos qué se siente cuando la luz es vencida por la oscuridad.

PARTE DOS

Los tipos de sueños y sus usos

El objetivo de la práctica de los sueños es la liberación y nuestro propósito debería ser tomar conciencia de lo que está más allá de los sueños. Pero también hay usos relativos de los sueños que pueden ser beneficiosos en nuestra vida cotidiana, y éstos incluyen utilizar la información que obtenemos de los sueños y beneficiarnos directamente de las experiencias que tenemos en ellos. En Occidente, por ejemplo, el uso de los sueños en la terapia está muy extendido y hay muchos relatos de artistas y científicos que han utilizado la creatividad de los sueños para el beneficio de su trabajo. Los tibetanos también se apoyan en los sueños de varias maneras. Esta sección describe algunos de los usos relativos de los sueños.

1

Tres tipos de sueños

Hay tres tipos de sueños que forman una progresión en la práctica de los sueños, aunque no es exacta: 1) los sueños corrientes samsáricos, 2) los sueños de claridad y 3) los sueños de la luz clara. Los primeros dos tipos se distinguen por las diferencias y sus causas, y en cualquiera de los dos, el soñador puede estar lúcido o no lúcido. En los sueños de la luz clara, hay consciencia, pero no hay ninguna dicotomía sujeto-objeto. Los sueños de la luz clara tienen lugar en la conciencia no dual.

Sueños samsáricos

Los sueños que la mayoría de nosotros tiene por lo general son los sueños samsáricos que surgen a partir de los rastros kármicos*. El significado que encontramos en estos sueños es el significado que proyectamos en ellos, y es creado por el soñador, en lugar de ser inherente al sueño. Lo

Sueños corrientes (surgen de rastros kármicos personales)	No lúcidos Lúcidos
Sueños de claridad (surgen de rastros kármicos transpersonales)	No lúcidos Lúcidos
Sueños de la luz clara (no dualidad)	Lúcidos (más allá de la dualidad sujeto/objeto)

mismo ocurre con el significado en nuestra vida de vigilia. Esto no quiere decir que los sueños con significado no sean importantes y tampoco que el significado en nuestra vida de vigilia no sea importante. El proceso es similar al de leer un libro. Un libro no es más que unas marcas sobre un papel, pero podemos extraer un significado de él porque llevamos a él nuestro sentido del significado. Y ese significado, al igual que el de un sueño, está sujeto a interpretación. Dos personas pueden leer el mismo libro y tener experiencias completamente distintas; una persona puede cambiar su vida entera basándose en significado que ha hallado en sus páginas, mientras que su amigo/a puede encontrar que el libro es moderadamente interesante, o ni eso. El libro sigue siendo el mismo. El significado es proyectado a las palabras por el lector y luego es leído.

Sueños de claridad

A medida que uno va progresando en la práctica de los sueños, éstos se van haciendo cada vez más claros y más detallados, y uno recuerda una gran parte de cada sueño. Éste es el resultado de llevar una mayor conciencia al estado del sueño. Además de esta mayor conciencia en los sueños corrientes, hay un segundo tipo de sueño llamado sueño de claridad, el cual surge cuando la mente y el prana están equilibrados y el soñador ha desarrollado la capacidad de permanecer en la presencia no personal. A diferencia del sueño samsárico, en el cual la mente es llevada de aquí a allá por el prana kármico, en el sueño de claridad el soñador está estable. Aunque aparecen imágenes e información, no están tan basados en los rastros kármicos personales y en lugar de eso, presentan conocimientos que están disponibles directamente desde la consciencia por debajo del nivel del yo convencional. Esto es análogo a las diferencias entre el prana kármico agitado del canal blanco, que está conectado a las emociones negativas, y el prana de la sabiduría del canal rojo. De la misma manera en que ambos son prana kármico (energías involucradas en las experiencias de la dualidad) pero uno es más puro y menos ilusorio que el otro, también el sueño de claridad es más puro y menos ilusorio que el sueño samsárico. En el sueño de claridad, es como si algo le fuera dado al soñador, o éste encontrara algo, mientras que en el sueño samsárico, el significado es proyectado desde el soñador hasta la pureza de la experiencia fundamental.

Ocasionalmente, cualquiera puede tener sueños de claridad, pero no son frecuentes hasta que la práctica está desarrollada y es estable. Para la mayoría de la gente, todos los sueños son sueños samsáricos basados en la vida cotidiana y las emociones. Aunque podemos tener un sueño sobre las enseñanzas, o sobre nuestros maestros, o sobre nuestra práctica, o sobre los budas, o los *dakinis**, probablemente el sueño seguirá siendo samsárico. Si estamos realizando la práctica con un profesor, entonces, ciertamente, soñaremos sobre esas cosas. Tener esos sueños es una señal positiva porque significa que estamos comprometidos con las enseñanzas, pero el compromiso en sí mismo es dualista y, por lo tanto, está dentro del reino del samsara. Hay aspectos del samsara que son mejores y peores, y es bueno estar plenamente comprometidos con la práctica y las enseñanzas porque ése es el camino hacia la liberación. También es bueno no confundir los sueños samsáricos con los sueños de claridad.

Si cometemos el error de creer que los sueños samsáricos nos están ofreciendo verdadera orientación, entonces cambiar nuestras vidas a diario intentando seguir los dictados de los sueños se puede convertir en una tarea de tiempo completo. También es una manera de quedarnos atascados en el drama personal, creyendo que todos nuestros sueños son mensajes de una fuente superior, más espiritual. Pero no es así. Deberíamos prestar más atención a los sueños y desarrollar la comprensión de cuáles tienen trascendencia y cuáles son sólo la manifestación de las emociones, los deseos, los miedos, las esperanzas y las fantasías de nuestra vida diaria.

Sueños de la luz clara

Hay un tercer tipo de sueño que se presenta cuando uno está muy avanzado en el camino: el sueño de la luz clara. Éste surge del prana primordial en el canal central. Generalmente se habla de la luz clara en las enseñanzas sobre el yoga del dormir e indica un estado libre de sueños, de pensamientos y de imágenes, pero también hay un sueño de la luz clara en el cual el soñador permanece en la naturaleza de la mente. Pero esto no se logra fácilmente: el practicante debe estar muy estable en la conciencia no dual para que surja el sueño de la luz clara. Gyalshen Milu Samleg, el autor de importantes comentarios sobre el *Tantra Madre*, escribió que estuvo practicando sistemáticamente durante nueve años antes de empezar a tener sueños de la luz clara.

Desarrollar la capacidad de tener sueños de la luz clara es semejante a desarrollar la capacidad de permanecer en la presencia no dual de rigpa durante el día. Al principio, rigpa y el pensamiento parecen ser distintos, de manera que en la experiencia de rigpa no hay ningún pensamiento, y si aparece algún pensamiento nos distraemos y perdemos a rigpa. Pero cuando desarrollamos la estabilidad en rigpa, los pensamientos simplemente surgen y se desvanecen en la rigpa menos ensombrecedora: el practicante permanece en la conciencia no dual. Estas situaciones son semejantes a aprender a tocar el tambor y la campana al mismo tiempo en la práctica ritual: al principio podemos tocar sólo uno a la vez. Si tocamos la campana, perdemos el ritmo del tambor, y viceversa. Cuando ya estamos estables, entonces podemos tocar ambos al mismo tiempo.

El sueño de la luz clara no es lo mismo que el sueño de claridad, el cual, aunque surge de los aspectos profundos y relativamente puros de la mente y se genera a partir de los rastros kármicos positivos, sigue ocurriendo en la dualidad. El sueño de la luz clara, aunque emerge de los rastros kármicos del pasado, no tiene como resultado una experiencia dualista. El practicante no se reconstituye como un sujeto observador en relación con el sueño como objeto, ni tampoco como un sujeto en el mundo del sueño, sino que se mantiene totalmente integrado con la rigpa no dual.

Las diferencias entre los tres tipos de sueños pueden parecer sutiles. El sueño samsárico surge de los rastros kármicos y las emociones de la persona, y todo el contenido del sueño es formado por esos rastros y esas emociones. El sueño de claridad incluye más conocimientos objetivos, los cuales surgen de los rastros kármicos colectivos y están al alcance de la consciencia cuando no está enredada en los rastros kármicos personales.

La consciencia, entonces, no está sujeta al espacio, al tiempo y a la historia personal, y el soñador puede encontrarse con seres reales, recibir enseñanzas de maestros reales y hallar información útil para sí mismo y para otras personas.

El sueño de la luz clara no está definido por el contenido del sueño, pero es un sueño de la luz clara porque no hay ningún soñador subjetivo o ego onírico, y tampoco hay ningún yo que tenga una relación dualista con el sueño o con su contenido. Aunque aparece un sueño, se trata de una actividad de la mente que no altera la estabilidad del practicante en la luz clara.

2

Los usos de los sueños

El mayor valor de los sueños está en el contexto del camino espiritual. Lo más importante es que, en sí mismos, pueden ser utilizados como una práctica espiritual y, además, pueden proporcionar experiencias que motiven al soñador a entrar en el camino espiritual. Asimismo, pueden ser un medio para determinar si estamos realizando la práctica correctamente o no, cuánto hemos progresado y a qué debemos prestar atención.

Al igual que en la historia que conté en el prólogo, con frecuencia ocurre que antes de transmitir una enseñanza elevada, el maestro esperará a que el alumno tenga un sueño que indique su disposición a recibirla. Otros sueños pueden mostrar que el estudiante ha concluido cierta práctica y el maestro, después de haber escuchado el sueño, puede determinar que ya es el momento de pasar a otra.

Asimismo, si prestamos atención a los sueños, podemos evaluar nuestra propia madurez en la práctica. En ocasiones, en el estado de vigilia pensamos que nos está yendo bastante bien, pero cuando dormimos, descubrimos que al menos una parte de nosotros sigue estando muy confundida o atascada en la negatividad. Esto no debería ser motivo de desánimo, ya que es beneficioso que diferentes aspectos de la mente se manifiesten en el sueño y nos señalen en qué área debemos trabajar para poder progresar. Por otro lado, cuando la práctica se fortalezca, los resultados se manifestarán en los sueños y nos darán confianza en nuestros esfuerzos.

La experiencia en el sueño

La experiencia en los sueños es muy flexible y tenemos la libertad de hacer muchas cosas que no podemos hacer cuando estamos despiertos, incluyendo determinadas prácticas que facilitan nuestro desarrollo. Podemos sanar heridas en la psique, dificultades emocionales que no hemos podido superar; podemos retirar bloques energéticos que pueden estar inhibiendo la libre circulación de la energía en el cuerpo; y podemos atravesar oscuridades en la mente llevando la experiencia más allá de los límites y las limitaciones conceptuales.

Por lo general, estas tareas se logran mejor después de haber desarrollado la capacidad de mantenernos lúcidos en los sueños. Esto lo mencionamos aquí solamente como una posibilidad; en la sección sobre la práctica, se ofrecen más detalles acerca de lo que hay que hacer en el sueño una vez que logramos la lucidez.

Orientación y directrices

La mayoría de los tibetanos (los maestros espirituales y la gente sencilla, normal) considera que los sueños son una fuente potencial del más profundo conocimiento espiritual y de orientación para la vida cotidiana. Se consultan los sueños para diagnosticar enfermedades, para recibir indicaciones de si es necesario realizar prácticas de purificación o clarificación y de que es necesario prestar atención a las relaciones con las deidades y los guardianes. Estos usos pueden considerarse supersticiosos, pero en un nivel profundo, los sueños muestran el estado del soñador y de sus relaciones con las diferentes energías. En Oriente la gente reconoce estas energías y las considera guardianas y espíritus protectores, así como condiciones fisiológicas y condiciones espirituales internas. En Occidente, donde el estudio de los sueños es más reciente, estas energías pueden ser entendidas como enfermedades incipientes o complejos o arquetipos profundamente arraigados.

Algunos tibetanos trabajan con los sueños durante todas sus vidas como la principal forma de comunicación con los aspectos más profundos de sí mismos y con otros mundos. Mi madre fue un buen ejemplo de esto. Ella era una practicante y una mujer muy cariñosa y generosa. Solía contar sus sueños a toda la familia en la mañana, cuando estábamos reunidos para comer, y especialmente cuando el sueño tenía que ver con su guardián y protector, Namthel Karpo.

Namthel es un guardián de la parte norte del Tíbet, donde creció mi madre. Aunque su práctica era conocida en todo el Tíbet, era venerado principalmente en el pueblo en el que ella vivía y en los alrededores. Mi madre realizaba su práctica, pero mi padre no lo hacía y solía burlarse de ella cuando contaba sus sueños.

Recuerdo claramente cuando mi madre nos contó un sueño en el que Namthel la visitó. Estaba vestido, como siempre, con sus ropas blancas; tenía puestos unos pendientes de caracola marina y llevaba el pelo largo. En esa ocasión, parecía estar furioso. Entró por la puerta, arrojó una bolsa pequeña al suelo y dijo: «¡Siempre te digo que te cuides, pero no lo haces bien!». A continuación miró a mi madre a los ojos intensamente y luego desapareció.

Por la mañana, mi madre no estaba segura de cuál era el significado de ese sueño, pero por la tarde, una mujer que trabajaba ocasionalmente en nuestra casa intentó robar nuestro dinero. Lo llevaba escondido debajo de su ropa, pero cuando pasó caminando delante de mi madre, se le cayó al suelo, ahí mismo. El dinero estaba dentro de una bolsa idéntica a la que le habían mostrado a mi madre en el sueño. Recogió la bolsa y vio que dentro de ella estaba todo nuestro dinero, a punto de ser robado. Mi madre consideró que este evento había sido un acto de protección por parte de su guardián y estaba convencida de que Namthel había hecho que la bolsa cayera al suelo.

Namthel apareció en los sueños de mi madre a lo largo de toda su vida, siempre en la misma forma. Aunque los mensajes que le daba variaban, generalmente eran sueños que tenían como objetivo ayudarla de alguna manera, protegerla y guiarla.

Hasta que tuve diez años, asistí a una escuela cristiana; luego mis padres me sacaron de ahí e ingresé en el Monasterio Meri. En ocasiones, uno de los monjes, Gen Sengtuk, me contaba sus sueños. Recuerdo algunos de ellos con bastante claridad, ya que eran muy similares a los de mi madre. El monje soñaba frecuentemente con Sippe Gyalmo, una de las más importantes y antiguas protectoras de la tradición Bön. La práctica de Sippe Gyalmo se realiza también en las otras escuelas budistas tibetanas, y en el Palacio de Potala en el Tíbet hay una sala que alberga su altar. Los sueños de Sippe Gyalmo que tenía Gen Sengtuk lo guiaban en su vida y en su práctica.

Sippe Gyalmo no se aparecía en los sueños de Gen Sengtuk como el ser feroz que vemos en las pinturas en los templos y las salas de meditación. En lugar de eso, él la veía como una mujer humana muy anciana, de cabello gris, que usaba un bastón y tenía un cuerpo encorvado. Siempre se encontraba con Sippe Gyalmo en un inmenso desierto en el que ella tenía una tienda de campaña. Nadie más vivía ahí. El monje leía sus expresiones, veía si su rostro estaba feliz o triste, o si había enojo en su forma de moverse. Y al observarla de esta manera, podía saber, de algún modo, qué debía hacer para superar los obstáculos en su práctica o para cambiar ciertas cosas en su vida en una dirección más positiva. Así era como ella lo guiaba a través de sus sueños. Gen Sengtuk mantenía un vínculo estrecho con Sippe Gyalmo a través de los sueños y ella se apareció ante él de una manera similar durante toda su vida. Sus experiencias con ella eran buenos ejemplos de sueños de claridad.

En aquella época, yo era un niño pequeño, y puedo recordar claramente un día en el que, al escuchar al monje relatar uno de sus sueños, de repente me di cuenta de que era como si él tuviera una amiga en un lugar diferente. Pensé que sería bonito tener algunos amigos con los que jugar en los sueños, ya que durante el día no podía jugar mucho porque los estudios eran intensivos y los profesores muy estrictos. Ése fue el pensamiento que tuve en ese momento. Entonces, como podéis ver, nuestra comprensión de los sueños y la práctica de los sueños, y nuestra motivación de realizar la práctica, pueden llegar a ser más profundas y maduras a medida que vamos creciendo.

Adivinación

Debido a la estabilidad de su práctica meditativa, muchos maestros de la meditación son capaces de utilizar los sueños de claridad para la adivinación. Para hacer esto, el soñador o la soñadora debe ser capaz de liberarse de la mayor parte de los rastros kármicos personales que normalmente dan forma a los sueños. Si no lo hace, la información no es extraída del sueño, sino que es proyectada hacia él, como suele ser el caso con los sueños samsáricos. En la tradición Bön, este uso de los sueños es considerado como uno de los numerosos métodos de adivinación chamánica y es bastante común entre los tibetanos. No es inusual que un estudiante solicite a su profesor orientación acerca de una tarea, o dirección para superar un obstáculo, y a menudo el profesor recurre a los sueños para obtener la respuesta.

Cuando estaba en el Tíbet, conocí a una mujer tibetana realizada llamada Khachod Wangmo. Era sumamente poderosa y una «encuentra tesoros» (*terton*) que había redescubierto muchas enseñanzas ocultas. Le pregunté sobre mi futuro, le hice una pregunta general acerca de los obstáculos que encontraría, etc., y le pedí que tuviera un sueño de claridad para mí.

Normalmente, en esa situación, el soñador solicita algún objeto personal de la persona que está pidiendo el sueño, de modo que le entregué a Khachod Wangmo la camiseta que llevaba puesta. Esa camiseta me representaba energéticamente y, concentrándose en ella, Khachod Wangmo pudo conectar conmigo. La colocó debajo de su almohada esa noche y al dormir tuvo un sueño de claridad. Por la mañana me dio una explicación muy larga de lo que iba a ocurrir en mi vida, las cosas que debía evitar y las que debía hacer. Fue una orientación muy clara y útil.

En ocasiones un alumno pregunta si el hecho de que un sueño nos diga algo acerca del futuro demuestra que el futuro está fijo. En la tradición tibetana creemos que no lo está. Las causas de todas las cosas que pueden ocurrir ya están presentes, en este instante, porque las consecuencias del pasado son las semillas de las situaciones futuras. Las principales causas de cualquier situación en el futuro se encuentran en lo que ya ha ocurrido, pero las causas secundarias necesarias para la manifestación de las semillas kármicas no son fijas, son circunstanciales. Éste es el motivo por el cual la práctica es efectiva y las enfermedades se pueden curar. Si no fuera así, no tendría ningún sentido intentar nada, ya que nada podría cambiar. Si tenemos un sueño acerca del mañana, y el mañana llega y todo ocurre tal como sucedió en nuestro sueño, ello no significa que el futuro sea algo fijo y no pueda ser cambiado; significa que nosotros no lo hemos cambiado.

Imagina un rastro kármico fuerte, grabado con una emoción intensa, que es la causa principal de una determinada situación y está plasmándose en la realidad. Es decir, nuestras vidas pueden estar proporcionando las causas secundarias necesarias para que la causa principal se manifieste. En un sueño sobre el futuro, la causa está presente y el rastro que está madurando hacia la manifestación condiciona al sueño, con la consecuencia de que el sueño es un imaginar los resultados. Es como si entráramos en una cocina y ahí hubiera un maravilloso cocinero italiano, y el aroma de las especias, la comida que está preparando y los ingredientes estuvieran colocados sobre una mesa: casi podemos imaginar el plato que está cocinando, casi podemos ver los resultados de la situación. Esto es como el sueño. Quizás no seamos completamente exactos, pero podemos adivinar la mayor parte. Y luego, cuando nos sirvan la cena, ésta se fusionará con nuestras expectativas, las diferencias se harán borrosas y será la cena que esperábamos que fuera, incluso si no es exactamente igual.

Recuerdo un ejemplo de esto de mi infancia. Era un día llamado Diwali en la India, que tradicionalmente se celebra con petardos. Mis amigos y yo no teníamos dinero para comprar petardos, de modo que buscamos algunos que ya hubieran sido encendidos pero que no hubieran explotado. Los reunimos y luego intentamos volver a encenderlos. Yo era muy pequeño, tendría unos cuatro o cinco años. Uno de los petardos estaba un poco húmedo, así que lo puse sobre un carbón ardiente. Cerré los ojos, soplé sobre él y, por supuesto, estalló. Durante unos instantes no puede ver nada excepto estrellas, y en ese momento recordé el sueño que había tenido la noche anterior. Era exactamente lo mismo, la experiencia completa. Es cierto, ¡hubiese sido mucho más útil haber recordado el sueño antes del hecho y no después! Hay muchos casos como éste en los que las causas de situaciones futuras se entretejen en un sueño sobre el futuro que probablemente se hará realidad, aunque no de forma necesaria.

En ocasiones, en un sueño, uno puede conocer las causas y los resultados que afectan a otras personas. Cuando me encontraba en el Tíbet, mi maestro Lopon Tenzin Namdak tuvo un sueño y luego me dijo que era muy importante que yo realizara una determinada práctica relacionada con uno de los guardianes. Empecé a hacer la práctica todos los días durante muchas horas mientras viajaba, intentando influir en aquello que mi maestro había visto en su sueño. Unos días más tarde, me encontraba como pasajero en un camión que transitaba en una estrecha carretera muy elevada en las montañas. Los conductores en esa zona del Tíbet son salvajes, personas nómadas que tienen muy poco temor a la muerte. Éramos treinta personas amontonadas en un viejo camión con mucho equipaje pesado cuando una de las llantas cayó en un agujero y el camión volcó.

Salí de él y miré hacia abajo. No estaba particularmente asustado, hasta que vi que lo único que impedía que el camión se deslizara hasta el valle era una roca, y había un precipicio tan inmenso que una piedra lanzada desde el borde tardó una eternidad en llegar hasta el fondo. ¡Entonces mi corazón empezó a latir con fuerza en mi pecho! Luego sentí miedo al darme cuenta de que una pequeña roca era todo lo que había entre nosotros y la muerte, lo único que evitaba que mi vida terminara siendo una historia breve.

Cuando vi cuál era la situación, pensé: «Eso es. Éste es el motivo por el que tuve que realizar la práctica del guardián». Esto era lo que mi maestro había visto en su sueño y el motivo por el que me había dicho que tenía que hacer la práctica. Un sueño puede no ser muy específico, pero aun así puede transmitir, a través del sentimiento y las imágenes, que está por ocurrir algo que debe ser remediado. Éste es uno de los beneficios que podemos recibir al trabajar con nuestros sueños.

Las enseñanzas en los sueños

En la tradición tibetana hay numerosos ejemplos de practicantes que recibieron enseñanzas en sus sueños. A menudo los sueños llegan en una secuencia en la cual el sueño de cada noche comienza donde acabó el de la noche anterior, y de este modo se transmiten enseñanzas completas y detalladas hasta llegar a un punto de culminación preciso y apropiado, y entonces los sueños se detienen. Muchísimas enseñanzas han sido «descubiertas» de esta forma, incluyendo muchas de las prácticas que los tibetanos han venido realizando desde hace siglos. Esto es lo que llamamos un «tesoro de la mente» (*gong-ter**).

Imagina que entras en una cueva y encuentras un libro de enseñanzas oculto en su interior. Éste es un hallazgo en un espacio físico. Los tesoros de la mente se encuentran en la consciencia en lugar de estar en el mundo físico. Se sabe que los maestros han encontrado estos tesoros en los sueños de claridad y también estando despiertos. Para poder recibir este tipo de enseñanzas en un sueño, el practicante debe haber desarrollado previamente ciertas capacidades, como ser capaz de estabilizarse en la consciencia sin identificarse con el yo convencional. El practicante cuya claridad no está oscurecida por los rastros kármicos y los sueños samsáricos tiene acceso a la sabiduría inherente en la consciencia misma.

Las enseñanzas auténticas descubiertas en los sueños no provienen del intelecto. No es como entrar en una biblioteca y hacer una investigación y luego escribir un libro usando el intelecto para recoger y sintetizar información como lo haría un académico. Aunque muchas buenas enseñanzas provienen del intelecto, no son consideradas tesoros de la mente. La sabiduría de los budas es autooriginada, pues surge de las profundidades de la consciencia, completa en sí misma. Esto no quiere decir que las enseñanzas de los tesoros de la mente no se asemejarán a las enseñanzas existentes, porque sí lo harán. Además, estas enseñanzas pueden encontrarse en diferentes culturas y períodos históricos, y pueden ser similares a pesar de que no se comunican entre ellos. Los historiadores trabajan para rastrear una enseñanza en el tiempo con la finalidad de señalar cómo fue influida por una enseñanza similar, dónde tuvo lugar la conexión histórica, etc., y con frecuencia encuentran el vínculo. Pero la verdad subyacente es que estas enseñanzas surgen espontáneamente de los humanos cuando éstos alcanzan un cierto punto en su desarrollo individual. Las enseñanzas son inherentes a la sabiduría esencial a la que cualquier cultura puede acceder tarde o temprano. No son únicamente enseñanzas budistas o Bön; son enseñanzas para todos los humanos.

Si tenemos el karma de ayudar a otros seres, las enseñanzas de un sueño pueden ser beneficiosas para otras personas. Pero también puede darse el caso, si tenemos el karma con un linaje, por ejemplo, de que las enseñanzas descubiertas en un sueño sean especialmente para nuestra propia práctica, quizás como un remedio específico para superar un obstáculo en particular.

3

El descubrimiento de la práctica de chöd

Muchos maestros han utilizado los sueños como una importante puerta a la sabiduría, a través de la cual han descubierto enseñanzas, han conectado con maestros que normalmente están lejanos en el tiempo y el espacio, y han desarrollado la capacidad de ayudar a los demás. Todo esto está ilustrado en la historia de Tongjung Thuchen, un gran maestro Bön, quien se cree que vivió en el siglo VIII. En una serie de sueños, descubrió la práctica Bön del *chöd**, una práctica visionaria del cultivo de la generosidad y de cortar con los apegos.

Cuando Tohgjung Thuchen tenía seis años de edad, ya era conocedor de las enseñanzas. A los doce años realizaba retiros prolongados y tenía unas experiencias destacables con los sueños, en los cuales descubrió enseñanzas, conoció a otros maestros y recibió instrucción de ellos. En una ocasión, cuando se encontraba en un retiro y estaba realizando de forma intensiva la práctica de Walsai, una de las más importantes deidades tántricas de Bön, fue convocado por su maestro. Tongjung Thuchen dejó el retiro y viajó hasta la casa de uno de los patrocinadores de su maestro, donde durmió y tuvo un sueño increíble.

En el sueño, una bella mujer lo guiaba a través de unos paisajes desconocidos hasta que llegaban a un cementerio inmenso. Muchos cadáveres yacían en el suelo y en el centro había una gran tienda de campaña blanca cubierta con una decoración ornamental y rodeada de hermosas flores. En medio de la tienda de campaña, una mujer de tez morena estaba sentada en un gran trono. Llevaba puesto un vestido blanco y su pelo estaba adornado con turquesas y oro. A su alrededor había varias dakinis hermosas que hablaban lenguas de muchos países distintos, y Tongjung Thuchen se dio cuenta de que habían venido de tierras lejanas.

La dakini morena descendió de su trono y entregó a Tongjung Thuchen un cráneo lleno de sangre y carne, y le dio de comer. Mientras lo hacía, le contó que debía aceptar las ofrendas como ofrendas puras, y que las otras dakinis y ella iban a realizarle una importante iniciación.

Luego le dijo: «Espero que alcances la iluminación en el espacio de la Gran Madre. Yo soy Sippe Gyalmo, la portadora de la enseñanza Bön, la Reina Morena de la Existencia. Esta iniciación y enseñanza es la raíz del *Tantra Madre.* Yo te inicio para que tú puedas iniciar a otras personas y enseñarles esto». A continuación, Tongjung Thuchen fue llevado a un trono elevado. Luego Sippe Gyalmo le entregó un sombrero ceremonial, una túnica de iniciación y los implementos rituales, y lo sorprendió pidiéndole que iniciara a las dakinis que estaban ahí reunidas.

«Oh, no, no puedo iniciarlas. No sé cómo hacer esta iniciación. Esto es muy embarazoso», dijo Tongjung Thuchen.

«No te preocupes. Eres un gran maestro. Tú tienes todas las iniciaciones de los treinta maestros del Tíbet y Zhang Zhung. Puedes darnos la iniciación», lo tranquilizó Sippe Gyalmo.

«No sé cómo cantar las oraciones durante la iniciación», objetó Tongjung Thuchen.

«Te ayudaré y todos los protectores te darán poder. No hay nada que temer. Por favor, realiza la iniciación», le dijo Sippe Gyalmo.

En ese momento, toda la carne y la sangre que había en la tienda de campaña se transformaron en mantequilla, azúcar y varios alimentos, y en medicina y flores. Las dakinis le lanzaron flores a Tongjung Thuchen. Súbitamente, se dio cuenta de que sí sabía cómo hacer la iniciación para el *Tantra Madre* y lo hizo.

Después de eso, todas las dakinis le dieron las gracias. Sippe Gyalmo dijo: «Dentro de cinco años, las dakinis de los ocho cementerios principales se reunirán, al igual que muchos maestros. Si tú vienes, te impartiremos más enseñanzas del *Tantra Madre*». Entonces todas las dakinis se despidieron de él, y él de ellas, y Sippe Gyalmo le indicó que se retirara. Una dakini roja escribió la sílaba *YAM* en un pañuelo, el cual representa el elemento del viento, y lo agitó en el aire, y a continuación le pidió a Tongjung Thuchen que tocara el pañuelo con su pie derecho. En cuanto lo hizo, él regresó a su cuerpo y se dio cuenta de que estaba durmiendo.

Tongjung Thuchen durmió durante tanto tiempo que la gente pensó que había muerto. Cuando finalmente despertó, su maestro le preguntó por qué había dormido tanto y él le contó el sueño que había tenido. El maestro le dijo que era bastante maravilloso, pero le advirtió que lo mantuviera en secreto para que no se convirtiera en un obstáculo. Le dijo también que algún día sería un maestro y luego le dio una bendición para dar poder a sus futuras enseñanzas.

Al año siguiente, una tarde Tongjung Thuchen se encontraba en un retiro cuando fue visitado por tres dakinis. Éstas tenían unos pañuelos verdes con los que le tocaron los pies, y cuando lo hicieron, Tongjung Thuchen perdió el conocimiento por un instante y luego despertó en un sueño.

En el sueño vio tres cuevas que miraban hacia el Este y delante de ellas había un lago precioso. Tongjung Thuchen entro en la cueva central. Su interior estaba bellamente decorado con flores y ahí se encontró con tres maestros. Cada uno de ellos estaba vestido con diferentes ropas de iniciación esotérica, y unas encantadoras dakinis tocaban instrumentos musicales, bailaban, hacían ofrendas, rezaban y realizaban otras actividades sagradas a su alrededor.

Los tres maestros le otorgaron tres iniciaciones para despertarlo al estado natural, para que recordara sus vidas pasadas y para que pudiera enseñar la práctica de chöd con éxito. El maestro central se puso de pie y dijo: «Tú tienes todas las enseñanzas sagradas. Has recibido las iniciaciones y te hemos bendecido para dar poder a tu habilidad para enseñar».

Entonces, el maestro que estaba sentado a la derecha se puso de pie y dijo: «Te iniciamos en todas las enseñanzas generales, en las filosofías lógicas utilizadas para acabar con el ego, en el uso de la mente conceptual para liberar las ilusiones y en las prácticas de chöd. Te bendecimos para que puedas enseñar estas prácticas y darles continuidad».

El maestro que estaba en el lado izquierdo se puso de pie y dijo: «Voy a entregarte la sagrada enseñanza tántrica que está en el corazón de todos los maestros del Tíbet y Zhang Zhung. Te iniciamos y te bendecimos a través de estas enseñanzas para que puedas ayudar a otros».

Los tres maestros eran unos maestros Bön muy importantes que habían vivido hacia finales del siglo VII, más de quinientos años antes de que Tongjung Thuchen naciera.

Transcurrido un tiempo, después de que su maestro hubiera fallecido, Tongjung Thuchen regresó a su pequeño pueblo donde realizó rituales y prácticas para la gente del lugar. En numerosas ocasiones, durante las meditaciones breves y los retiros, Tongjung Thuchen fue visitado por varios maestros en visiones. Experimentó la capacidad de ver el interior de su propio cuerpo, visualizando los canales y las energías como si fueran de un cristal transparente. En muchas ocasiones, cuando Tongjung Thuchen caminaba, sus pies no tocaban el suelo, y podía andar muy rápido utilizando el poder de su prana.

Transcurrieron cuatro años más. La dakini de piel morena que había conocido en un sueño, la manifestación de Sippe Gyalmo, le había dicho que volverían a encontrarse cinco años más tarde y ese momento había llegado. Un día, Tongjung Thuchen estaba durmiendo una siesta y mientras dormía rezó a todos los maestros. Cuando despertó, observó que el cielo estaba increíblemente despejado. Se produjo una suave brisa y dos dakinis se acercaron a él volando en el viento y le dijeron que debía acompañarlas.

Tongjung Thuchen fue con ellas a una reunión de dakinis, las mismas dakinis de diversos lugares que había conocido en el sueño cinco años atrás, y ahí recibió transmisiones y explicaciones de las prácticas de chöd y del *Tantra Madre.* Las dakinis predijeron que en el futuro llegaría un momento en el que los bodhisatvas y los doce maestros benditos se aparecerían y que durante esa época Tongjung Thuchen estaría enseñando. Cada dakini prometió ayudarlo en la enseñanza. Una de ellas dijo que actuaría como guardiana de las enseñanzas, otra dijo que las bendeciría, la siguiente dijo que ella las protegería de las palabras y las interpretaciones erróneas, y así sucesivamente. Sippe Gyalmo también prometió actuar como protectora de las enseñanzas. Cada una de las dakinis ahí reunidas le fue diciendo cuáles eran las responsabilidades que asumiría para ayudar a la difusión de las enseñanzas, y le dijeron a

Tongjung Thuchen que las enseñanzas se extenderían en diez direcciones como rayos de sol, llegando a todas las regiones del mundo. Esta profecía fue importante y es alentadora para los que actualmente están aprendiendo estas prácticas, porque sabemos que se van a extender por todo el planeta.

Los sueños de Tongjung Thuchen son buenos ejemplos de sueños de claridad. Él recibió una información precisa en un sueño acerca de otro sueño importante que iba a tener en el futuro. Recibió enseñanzas e iniciaciones y fue ayudado por las dakinis y otros maestros. En la primera parte de su vida, aunque tenía conocimientos, Tongjung Thuchen no conocía todo su potencial como maestro, hasta que le fue revelado en un sueño. A través de las bendiciones que recibió en el sueño, él despertó a diferentes dimensiones de la consciencia y reconectó con la parte de sí mismo que había aprendido y se había desarrollado en vidas anteriores. Tongjung Thuchen continuó creciendo a través de sus sueños, recibiendo enseñanzas y encontrándose con maestros y dakinis a lo largo de su vida.

Lo mismo puede ser una realidad para todos nosotros. Como practicantes, descubriremos que se desarrolla una continuidad en esa parte de nuestra vida que pasamos soñando. Esto es valioso en nuestro camino espiritual, ya que los sueños se vuelven parte de un proceso específico que nos reconecta con lo más profundo de nuestro ser y hace que nuestro desarrollo espiritual madure.

4

Los dos niveles de la práctica

Una noche, hace unos años, soñé que tenía una serpiente en la boca. La extraía de mi boca y descubría que estaba muerta. Fue bastante desagradable. Una ambulancia llegaba a mi casa y los paramédicos me decían que la serpiente era venenosa y que me estaba muriendo. Yo les dije que muy bien y ellos me llevaron al hospital.

Estaba asustado y les decía que antes de morir necesitaba ver una estatua de Tapihritsa, el maestro Dzogchen. Los paramédicos no sabían quién era, pero aceptaban y me decían que aún tendría que esperar para morir, lo cual hizo que me sintiera aliviado. Pero entonces me sorprendían trayéndome la estatua inmediatamente. Mi excusa para retrasar la muerte no había funcionado por mucho tiempo. Entonces les expliqué que la muerte no existía: ése era ahora mi soporte. Y en cuanto dije eso, desperté con el corazón latiendo aceleradamente.

Era la víspera de año nuevo y al día siguiente tenía que tomar un vuelo a Roma desde Houston. Como me sentía incómodo después de aquel sueño, pensé que quizás debía tomarlo en serio y cancelar mis planes de viajar. Quería saber qué me aconsejaría mi maestro, de modo que me volví a dormir y en un sueño lúcido viajé para encontrarme con Lopon en Nepal y le hablé del sueño perturbador.

En esa época Houston estaba teniendo muchos problemas por las inundaciones y mi maestro interpretó que el sueño significaba que yo estaba representando a Garuda, el ave mística que tiene poder sobre los Nagas, los espíritus del agua que se asemejan a las serpientes. Lopon me dijo que el sueño significaba que Garuda estaba conquistando a los espíritus del agua que estaban causando las inundaciones. Esta interpretación hizo que me sintiera mucho mejor, y al día siguiente volé a Roma tal como estaba planeado. Éste es un ejemplo de cómo usar un sueño lúcido para algo práctico, para tomar decisiones.

Es posible que todo esto suene extraño o increíble, pero lo realmente importante es desarrollar la flexibilidad de la mente y atravesar las fronteras que la restringen. Con una mayor flexibilidad, podemos aceptar mejor lo que se presente sin estar influidos por las expectativas y los deseos. Incluso cuando todavía estamos limitados por la avidez y la aversión, este tipo de práctica espiritual será beneficiosa para nuestra vida cotidiana.

Si realmente estoy viviendo la certeza de que la muerte no existe y que nadie va a morir, entonces no buscaré la interpretación de un sueño como lo hice en ese caso, en el que el sueño hizo que sintiera ansiedad. Nuestro deseo de recibir una interpretación de un sueño se basa en la esperanza y en el miedo; queremos saber qué debemos evitar y qué debemos favorecer, queremos entender para poder cambiar algo. Cuando te das cuenta de cuál es tu verdadera naturaleza, no buscas un significado, porque ¿quién estaría realizando la búsqueda? Puesto que ya estás más allá de la esperanza y el miedo, el significado de un sueño deja de ser importante; simplemente experimentas con plenitud cualquier cosa que se manifiesta en el momento presente. Ningún sueño puede, entonces, causar ansiedad.

El yoga de los sueños abarca toda la vida y se aplica a todas las diferentes dimensiones de nuestra experiencia. Esto puede crear una sensación de conflicto entre la visión filosófica más elevada y algunas de las instrucciones. Por un lado, la visión es ilimitada: las enseñanzas que se aplican a la no dualidad, a la realidad no convencional, declaran que no hay nada que debamos lograr, que buscar es perder, que el esfuerzo te aleja de tu verdadera naturaleza. Pero también hay prácticas y enseñanzas que sólo tienen sentido en términos de dualidad, en términos de esperanza y miedo. Se imparte una enseñanza sobre la interpretación de los sueños, sobre cómo apaciguar a los guardianes locales, sobre cómo realizar prácticas de larga vida y se insta al estudiante a practicar con diligencia y a proteger la concentración de la mente. Suena como si nos estuvieran diciendo, al mismo tiempo, que no hay nada que lograr y que tenemos que trabajar muy duro.

A veces la confusión acerca de este punto lleva al practicante a la confusión respecto a la práctica. Surge la pregunta: «Si la realidad última carece de distinciones y si la liberación se encuentra en la realización de esta naturaleza vacua, entonces ¿por qué debo realizar unas prácticas dirigidas a conseguir unos resultados relativos?». La respuesta es muy simple: dado que vivimos en un mundo dualista y relativo, realizamos prácticas que son efectivas en este mundo. En la existencia samsárica, las dicotomías y las polaridades tienen significado; existe el bien y el mal, y formas de actuar y de pensar que son mejores y peores basadas en los valores de las diferentes religiones, escuelas espirituales, sistemas filosóficos, ciencia y cultura. Respeta las circunstancias a las que estás atado. Cuando uno vive en el samsara, se aplican las prácticas convencionales y la interpretación de los sueños puede ser de gran ayuda.

En mi caso, necesitaba la interpretación de aquel sueño porque temía a la muerte. Pero para mí es importante saber que mi necesidad estaba basada en el miedo, en la dualidad, y que cuando permanezco en la presencia no dual, ya no hay miedo y no necesito ninguna interpretación. Utilizamos aquello que nos resulta útil para la situación en la que nos encontramos. Cuando vivimos tan sólo en la naturaleza de la mente, el estado en el que la realidad verdaderamente carece de distinciones, entonces no necesitamos realizar prácticas relativas. Ya no hay necesidad de interpretar los sueños porque no hay necesidad de redirigirnos, no hay un yo egoísta al que debamos redirigir. No necesitamos consultar al sueño acerca del futuro, porque no hay esperanza ni miedo. Estamos totalmente presentes en cualquier cosa que surge, sin aversión o avidez. No necesitamos buscar un significado en el sueño, porque estamos viviendo en la verdad.

En nuestras vidas convencionales, tomamos decisiones y podemos cambiar cosas; ése es el motivo por el cual estudiamos las enseñanzas y por el cual practicamos. A medida que vamos entendiendo más y siendo más hábiles en nuestras vidas, nos volvemos más flexibles. Empezamos a comprender realmente las cosas que se nos enseñan: lo que es la lucidez, lo que es ilusorio acerca de nuestras experiencias, cómo se produce el sufrimiento y cuál es nuestra verdadera naturaleza. Una vez que comenzamos a ver de qué manera lo que hacemos es la causa de más sufrimiento, entonces podemos decidir hacer algo distinto. Nos cansamos de las identidades limitadas y de las inclinaciones repetitivas que causan tanto sufrimiento innecesario. Dejamos ir los estados emocionales negativos, nos entrenamos para superar la distracción y permanecer en la presencia pura.

Lo mismo ocurre con los sueños. Hay una progresión en la práctica. Cuando la práctica se desarrolla, descubrimos que hay otra manera de soñar. Luego avanzamos hacia las prácticas no convencionales del soñar en las que la historia y sus interpretaciones no son importantes. Trabajamos más en las causas de los sueños que en los sueños en sí mismos.

No hay ningún motivo para no utilizar el yoga de los sueños para alcanzar objetivos mundanos. Algunas de las prácticas abordan asuntos relativos y llevan al uso de los sueños para propósitos como la salud, la adivinación, la orientación, la limpieza de tendencias kármicas y psicológicas poco saludables, la sanación, etc. El camino es práctico y apropiado para todos pero, aunque el uso del yoga de los sueños para beneficiarnos en el mundo relativo es bueno, se trata de un uso provisional. En definitiva, queremos utilizar los sueños para liberarnos de todas las condiciones relativas, y no simplemente mejorarlas.

PARTE TRES

La práctica del yoga de los sueños

1

Visión, acción, sueño y muerte

El *Tantra Madre* dice que si uno no es consciente en la visión, es poco probable que sea consciente en el comportamiento. Si uno no es consciente en el comportamiento, es poco probable que sea consciente en el sueño. Y si uno no es consciente en el sueño, es poco probable que sea consciente en el bardo después de la muerte.

¿Qué significa esto? «Visión» en este contexto no se refiere simplemente a los fenómenos visuales, sino a la totalidad de la experiencia. Incluye cada percepción, sensación y acontecimiento mental y emocional, así como todo lo que parece ser externo a nosotros. Visión es lo que «vemos» como experiencia; es nuestra experiencia. No ser conscientes en la visión significa no ser capaces de ver la verdad que surge en la experiencia y, en lugar de eso, ser engañados por los malentendidos de la mente dualista, confundiendo las proyecciones y las fantasías de esa mente con la realidad.

Cuando no somos conscientes de la verdadera situación en la que existimos, es difícil responder hábilmente a aquello que nos encontramos tanto en la vida exterior como en la vida interior. En lugar de eso, reaccionamos según los hábitos kármicos de apego y aversión, y vamos de aquí para allá impulsados por la infelicidad y por esperanzas ilusorias. Cuando hablamos de falta de conciencia en el comportamiento, nos referimos a actuar basándonos en estas confusiones. El resultado de ese tipo de acciones es el refuerzo del apego, el odio y la ignorancia, y la creación de más rastros kármicos negativos.

Los sueños surgen a partir de los mismos rastros kármicos que gobiernan nuestras experiencias en el estado de vigilia. Si estamos demasiado distraídos como para trascender las fantasías e ilusiones de la mente móvil durante el día, probablemente estaremos atados por las mismas limitaciones en los sueños. Esto es «no ser consciente en el sueño». El fenómeno onírico con el que nos encontremos evocará en nosotros las mismas emociones y reacciones dualistas en las que estamos perdidos cuando despertamos y nos resultará difícil desarrollar la lucidez o realizar prácticas más avanzadas.

Entramos en el bardo, el estado intermedio después de la muerte, de la misma manera en que entramos en un sueño cuando nos quedamos dormidos. Si nuestra experiencia con los sueños carece de claridad y tiene estados emocionales confusos y la reactividad habitual, entonces nos habremos entrenado para experimentar los procesos de la muerte de esa misma manera. Si reaccionamos dualistamente a las visiones en el estado intermedio, seremos impulsados hacia una mayor esclavitud kármica y nuestra futura reencarnación estará determinada por las tendencias kármicas que hayamos cultivado en esta vida. Esto es «carecer de conciencia en el bardo».

Por el contrario, si llevamos continuamente la conciencia al momento inmediato de la experiencia, pronto tendremos esta capacidad en los sueños. Cuando cultivamos la presencia en los sueños, nos preparamos para la muerte. La práctica de los sueños está correlacionada con esta progresión.

Para poder progresar, debemos desarrollar una cierta estabilidad de la mente para poder mantener una mayor conciencia en la experiencia, en la «visión», y desarrollar la capacidad de responder con habilidad. Por lo tanto, la primera práctica es permanecer en calma (zhiné), donde la mente es entrenada para estar serena, concentrada y alerta.

Cuando traemos una mayor conciencia a la experiencia, podemos superar los hábitos de reacción basados en las ilusiones de la mente convencional. Las cuatro prácticas fundamentales aumentan esta flexibilidad al entrenar a la mente para que utilice cada objeto de la experiencia de vigilia como un motivo para tener una lucidez y una presencia mayores. Cuando aflojamos el agarre de la reactividad kármica, podemos elegir actuar de una forma positiva. Esto aporta conciencia al comportamiento.

La conciencia que hemos estabilizado durante la experiencia de vigilia, y que hemos manifestado en nuestro comportamiento, empieza a aparecer de una forma natural en los sueños. Las prácticas principales utilizan la comprensión del prana, los chakras y la mente para ayudar a este fortalecimiento de la conciencia en el sueño. Estas prácticas se realizan antes de dormir y en tres períodos de vigilia durante la noche. Una vez que hemos desarrollado la lucidez, hay otras prácticas que se realizan durante el sueño mismo para desarrollar la flexibilidad de la mente, para romper las limitaciones y los malentendidos que nos atan al samsara.

De la misma manera en que llevamos a los sueños la lucidez y la presencia que cultivamos en la vida de vigilia, llevamos también a la muerte la lucidez y la presencia que hemos cultivado en los sueños. Si alguien realiza completamente el yoga de los sueños, está preparado para entrar en el estado intermedio posterior a la muerte con la visión correcta y la estabilidad en la presencia no dual necesaria para alcanzar la liberación.

Ésta es la secuencia: conciencia en el primer momento de la experiencia, en la respuesta, en el sueño y luego en la muerte. Uno no puede simplemente comenzar desde el final. Tú puedes determinar por ti mismo cuán madura está tu práctica: cuando te encuentres con los fenómenos de la experiencia, examina tus sentimientos y tus reacciones a ellos. ¿Eres controlado por tus interacciones con los objetos de la experiencia o tú controlas tus reacciones a ellos? ¿Tus atracciones y tus aversiones te impulsan a tener reacciones emocionales o puedes permanecer en una presencia estable en las diferentes situaciones? Si tu respuesta es la primera opción, la práctica cultivará la presencia necesaria para liberarte del condicionamiento y la reactividad kármicos. Si es la segunda, desarrollarás una estabilidad cada vez mayor en la conciencia y tus sueños cambiarán de una forma extraordinaria.

2

Permanecer en calma: Zhiné

Un buen yogui de los sueños debe ser estable en la presencia para evitar ser arrastrado por los vientos de las emociones kármicas y perderse en el sueño. Cuando la mente se estabiliza, los sueños se hacen más largos, menos fragmentados, son más fáciles de recordar, y se desarrolla la lucidez. La vida de vigilia también mejora cuando descubrimos que cada vez es más difícil ser arrastrados por las reacciones emocionales habituales que nos llevan a la distracción y la infelicidad. Así podemos desarrollar cualidades positivas que producirán felicidad y nos apoyarán en nuestro camino espiritual.

Todas las disciplinas yóguicas y espirituales incluyen alguna práctica que desarrolla la concentración y aquieta la mente. En la tradición tibetana, esta práctica se llama permanecer en calma (zhiné). Nosotros reconocemos tres etapas en el desarrollo de la estabilidad: zhiné esforzado, zhiné natural, zhiné supremo. El zhiné empieza con la fijación mental en un objeto y luego, cuando la concentración es suficientemente fuerte, se pasa a la fijación sin un objeto.

Comienza la práctica sentándote en la postura de meditación de cinco puntas: las piernas cruzadas, las manos juntas en el regazo en posición de meditación con las palmas hacia arriba y colocadas una encima de la otra, la columna vertebral recta pero no rígida, la cabeza ligeramente inclinada hacia abajo para estirar el cuello y los ojos abiertos. Los ojos deberían estar relajados, ni demasiado abiertos ni demasiado cerrados. El objeto de concentración debería estar colocado de tal manera que los ojos puedan verlo mirando directamente hacia delante, no hacia arriba o hacia abajo. Durante la práctica, intenta no moverte, ni siquiera para tragar o pestañear, mientras mantienes la mente enfocada en el objeto. Incluso si las lágrimas caen por tus mejillas, no te muevas. Deja que la respiración sea natural.

Por lo general, para la práctica con un objeto utilizamos una letra *A* tibetana como objeto de concentración. Esta letra tiene muchos significados simbólicos, pero aquí se utiliza simplemente como un apoyo para el desarrollo de la concentración. También se pueden utilizar otros objetos como la letra *A* del alfabeto español, una imagen, el sonido de un mantra, la respiración, o prácticamente cualquier cosa. No obstante, es

Postura de meditación

La *A* tibetana

bueno utilizar algo relacionado con lo sagrado, ya que sirve para inspirarte. Intenta también usar el mismo objeto cada vez que realices la práctica, en lugar de cambiar de objetos, porque la continuidad actúa como un apoyo para la práctica. Además, es preferible concentrarte en un objeto físico que esté fuera del cuerpo, ya que el propósito es desarrollar la estabilidad durante la percepción de los objetos externos y, con el tiempo, de los objetos que aparecen en los sueños. Si deseas utilizar la *A* tibetana, puedes escribirla en un pedazo de papel de aproximadamente dos y medio centímetros cuadrados. Tradicionalmente, la letra es blanca y se encuentra dentro de cinco círculos concéntricos de colores: el círculo del centro, que es el fondo directo para la letra *A*, es de color índigo; a su alrededor hay un círculo azul, luego uno verde, uno rojo, uno amarillo y uno blanco. Pega el papel a un palo que tenga la longitud justa para sostenerlo al nivel de tus ojos cuando estés sentado para la práctica y crea una base que lo mantenga recto. Colócalo de tal manera que la *A* esté aproximadamente a unos cuarenta y cinco centímetros de distancia delante de tus ojos.

Durante la práctica pueden surgir varias señales de progreso. A medida que la concentración se va fortaleciendo y los períodos de práctica se van extendiendo, van surgiendo sensaciones extrañas en el cuerpo y aparecen muchos fenómenos visuales peculiares. ¡Quizás descubras que tu mente está haciendo cosas raras! Pero no pasa nada. Estas experiencias son una parte natural del desarrollo de la concentración, y aparecen cuando la mente se serena, así que no dejes que te perturben o te exciten.

ZHINÉ ESFORZADO

La primera etapa de la práctica se llama «esforzado» porque requiere de esfuerzo. La mente se distrae fácilmente y con rapidez, y puede parecerte imposible permanecer concentrado en un objeto incluso durante un minuto. Al principio es mejor practicar en varias sesiones cortas, alternando con descansos. No dejes que la mente divague durante el descanso; recita un mantra, o trabaja con una visualización o con otra práctica que conozcas, como el desarrollo de la compasión. Después del descanso, regresa a la práctica de la fijación. Si estás listo para practicar pero no tienes el objeto específico que has estado usando, visualiza una esfera de luz en tu frente y céntrate ahí. La práctica debería realizarse una o dos veces al día, y puedes hacerla con más frecuencia si tienes tiempo. Desarrollar la concentración es como fortalecer los músculos del cuerpo: hay que ejercitarse con regularidad y con frecuencia. Para hacerte más fuerte, continúa empujando tus límites.

Mantén la mente en el objeto. No sigas a los pensamientos sobre el pasado o el futuro. No permitas que tu atención sea arrastrada por las fantasías, los sonidos, las sensaciones físicas o cualquier otra distracción. Simplemente permanece en la sensualidad del momento presente y concentra la mente en el objeto a través de los ojos, con toda tu fuerza y tu claridad. No pierdas la conciencia del objeto ni por un segundo. Respira suavemente y luego más suavemente, hasta perder la sensación de estar respirando. Lentamente, permítete entrar más profundamente en la quietud y la calma. Asegúrate de que tu cuerpo se mantiene relajado; no te tenses durante la concentración. Tampoco te permitas caer en el letargo, el embotamiento o el trance.

No pienses en el objeto, simplemente deja que esté en tu conciencia. Es importante hacer esta distinción. Pensar en el objeto no es el tipo de concentración que estamos desarrollando. Se trata sólo de mantener la mente centrada en el objeto, en la percepción sensorial del objeto, permanecer consciente de la presencia del objeto sin distraerte. Cuando la mente se distraiga (y al principio lo hará con frecuencia), llévala suavemente de vuelta al objeto y déjala ahí.

Zhiné natural

Cuando la estabilidad ya está desarrollada, se entra en la segunda etapa de la práctica: el zhiné natural. En la primera etapa, se desarrolla la concentración dirigiéndola continuamente hacia el objeto y desarrollando el control de la mente revoltosa. En la segunda etapa, la mente está absorta en la contemplación del objeto y ya no hay necesidad de ninguna fuerza para mantenerla quieta. Se establece una serenidad relajada y agradable en la cual la mente está serena y los pensamientos surgen sin distraer a la mente del objeto. Los elementos del cuerpo se armonizan y el prana se mueve dentro de él de una forma pareja y suave. Éste es el momento apropiado para pasar a la concentración sin un objeto.

Abandonando el objeto físico, simplemente fija la concentración en el espacio. Para lograr esto, resulta útil mirar un espacio expansivo, como el cielo, pero puedes realizar la práctica en una habitación pequeña concentrándote en el espacio que hay entre tu cuerpo y la pared. Mantente estable y tranquilo. Deja que el cuerpo esté relajado. En lugar de concentrarte en un punto imaginario en el espacio, deja que la mente esté difusa. A esto lo llamamos «disolver la mente» en el espacio, o «fusionar la mente con el espacio». Esto te llevará a una serenidad estable y a la tercera etapa de la práctica de zhiné.

Zhiné supremo

Mientras que en la segunda etapa todavía hay una cierta pesadez al estar absorto en el objeto, la tercera etapa se caracteriza porque la mente está tranquila pero liviana, relajada y flexible. Los pensamientos aparecen y se desvanecen espontáneamente y sin esfuerzo. La mente está completamente integrada con su propio movimiento.

En la tradición Dzogchen, esto ocurre tradicionalmente cuando el maestro introduce al estudiante en el estado mental natural. Dado que el alumno ha desarrollado el zhiné, el maestro puede señalar lo que éste ya ha experimentado en lugar de describir un nuevo estado que debe ser alcanzado. La explicación, que es conocida como la instrucción de «señalar», tiene como finalidad llevar al estudiante a reconocer lo que ya está ahí, a distinguir entre la mente móvil en el pensamiento y el concepto y la naturaleza de la mente, que es conciencia pura, no dual. Ésta es la etapa suprema de la práctica de zhiné, permanecer en la presencia no dual, rigpa.

Los obstáculos

Al desarrollar la práctica de zhiné, hay tres obstáculos que debemos superar: la agitación, la somnolencia y la flojera.

Agitación

La agitación hace que la mente vaya saltando inquietamente de un pensamiento a otro y esto dificulta la concentración. Para evitarlo, debes calmarte antes de la sesión de práctica, evitando el exceso de actividades físicas o mentales. Los estiramientos lentos pueden ayudar a relajar el cuerpo y aquietar la mente. Cuando ya estés sentado, respira profunda y lentamente unas cuantas veces. Adopta la costumbre de enfocar la mente inmediatamente cuando inicies la práctica para evitar desarrollar el hábito de divagar con la mente mientras estás sentado en la postura de meditación.

Somnolencia

El segundo obstáculo es la somnolencia o el adormecimiento, que entra en la mente como una bruma, una pesadez y un letargo que embota la conciencia. Cuando esto ocurra, intenta fortalecer la concentración de la mente en el objeto para poder pasar a través de la somnolencia. Quizás descubras que la somnolencia es en realidad un tipo de movimiento de la mente que puedes detener con una concentración fuerte. Si esto no funciona, tómate un descanso, estírate y realiza alguna práctica mientras estás de pie.

Flojera

El tercer obstáculo es la flojera. Cuando te encuentres con este obstáculo, quizás sientas que tu mente está en calma, pero se encuentra en un estado mental pasivo, débil, en el que la concentración no tiene fuerza. Es importante reconocer este estado por lo que es, porque puede ser una experiencia agradable y relajada, y si el practicante la confunde con la meditación correcta, ello puede hacer que pase años cultivándola equivocadamente, sin lograr ningún cambio discernible en la calidad de la consciencia. Si tu concentración pierde fuerza y tu práctica se vuelve laxa, endereza tu postura y despierta tu mente. Refuerza la atención y cuida la estabilidad de la presencia. Considera la práctica como algo muy valioso, porque lo es, y como algo que te llevará a alcanzar la realización más elevada, porque lo hará. Fortalece la intención y la vigilia de la mente se fortalecerá automáticamente.

La práctica de zhiné debería realizarse todos los días hasta que la mente esté serena y estable. Ésta no es sólo una práctica preliminar, sino que además ayuda en cualquier etapa de la vida del practicante; incluso los yoguis avanzados practican el zhiné. La estabilidad de la mente que se desarrolla a través del zhiné es la base del yoga de los sueños y de todas las demás prácticas de meditación. Una vez que hemos logrado una estabilidad fuerte y confiable en la presencia serena, podemos desarrollar esta estabilidad en todos los aspectos de la vida. Cuando está estable, esta presencia siempre puede ser hallada, y los pensamientos y las emociones no nos arrastrarán. Entonces, aunque los rastros kármicos continuarán produciendo imágenes oníricas cuando estemos dormidos, seguiremos estando conscientes. Esto abre la puerta a las prácticas posteriores de los yogas de los sueños y del dormir.

3

Las cuatro prácticas fundamentales

Existen cuatro prácticas fundamentales en el yoga de los sueños. Aunque tradicionalmente se llaman las Cuatro Preparaciones, eso no significa que son de menor importancia y que luego viene la «verdadera» práctica. Son preparatorias en el sentido de que son los cimientos de los cuales depende el éxito en la práctica principal.

El yoga de los sueños se basa en la forma en que la mente es utilizada durante la vida de vigilia, y las prácticas fundamentales abordan esto. La forma en que usamos la mente determina los tipos de sueños que surgen cuando dormimos y la calidad de nuestra vida de vigilia. Si cambias el modo en que te relacionas con los objetos y las personas en la vida de vigilia, cambiarás las experiencias en los sueños. Después de todo, el «tú» que vive el sueño de la vida de vigilia es el mismo «tú» que vive el sueño de la vida onírica. Si pasas el día distraído y atrapado en las elaboraciones de la mente conceptual, probablemente harás lo mismo en los sueños. Si estás más presente cuando estás despierto, entonces también encontrarás esa presencia en los sueños.

Uno: Cambiar los rastros kármicos

Hay una versión de la primera práctica fundamental que es bastante conocida en Occidente porque los investigadores y otras personas interesadas en los sueños han descubierto que ayuda a generar sueños lúcidos. Es la siguiente: a lo largo del día, practica el reconocimiento de la naturaleza onírica de la vida hasta que ese mismo reconocimiento empiece a manifestarse en tus sueños.

Al despertar por la mañana, piensa: «Estoy despierto en un sueño». Cuando entres en la cocina, reconoce que es una cocina onírica. Vierte la leche en un café onírico. «Todo es un sueño», piensa, «esto es un sueño». Recuérdatelo constantemente a lo largo del día.

En realidad, el énfasis debería estar en ti, el soñador, más que en los objetos de tu experiencia. Recuérdate continuamente que estás soñando tus experiencias: la ira que sientes, la felicidad, la fatiga, la ansiedad, todo forma parte del sueño. El roble que aprecias, el coche que conduces, la persona con la que estás hablando, forman parte del sueño. De esta manera se crea una nueva tendencia en la mente, la de ver la experiencia como algo insubstancial, pasajero e íntimamente relacionado con las proyecciones de la mente. Cuando los fenómenos son vistos como algo fugaz y sin esencia, el apego disminuye. Cada encuentro sensorial y cada evento mental se convierten en un recordatorio de la naturaleza onírica de la experiencia. Con el tiempo, este entendimiento surgirá en los sueños y te llevará al reconocimiento del estado del sueño y el desarrollo de la lucidez.

Hay dos maneras de entender la declaración de que todo es un sueño. La primera es verla como un método para cambiar los rastros kármicos. Realizar esta práctica, al igual que todas las prácticas, modifica la forma en que uno se relaciona con el mundo. Al cambiar las reacciones habituales y mayormente inconscientes a los fenómenos, las cualidades de la vida y de los sueños cambian. Cuando consideramos a la experiencia como «sólo un sueño», nos resulta menos «real». Pierde su poder sobre nosotros (un poder que tenía solamente porque nosotros se lo dábamos) y ya no puede perturbarnos y llevarnos a estados emocionales negativos. En lugar de eso, empezamos a enfrentarnos a todas las experiencias con más calma y con una claridad cada vez mayor, e incluso con más aprecio. En este sentido, la práctica funciona psicológicamente modificando el significado que proyectamos hacia aquello que está más allá del significado conceptual. Cuando vemos la experiencia de otra manera, cambiamos nuestra reacción a ella, lo cual a su vez cambia los remanentes kármicos de las acciones, y la raíz de los sueños cambia también.

La segunda manera de entender esta práctica es darnos cuenta de que la vida de vigilia es en realidad igual que un sueño, que la totalidad de la experiencia normal está hecha de proyecciones de la mente, que todo significado es atribuido y que cualquier cosa que experimentemos se debe a la influencia del karma. Aquí estamos hablando del trabajo sutil y dominante del karma, el ciclo interminable de causa y efecto que crea el presente a partir de rastros del pasado, cosa que hace a través del continuo condicionamiento que es el resultado de toda acción. Ésta es una manera de expresar la comprensión de que todos los fenómenos están vacíos y la aparente naturaleza individual de los seres y los objetos es ilusoria. No existe ninguna «cosa» real en ninguna parte en la vida de vigilia (al igual que en los sueños), sino únicamente apariencias transitorias y sin esencia, que surgen y se autoliberan en la base vacua y luminosa de la existencia. Al tomar plena consciencia de la verdad de la afirmación de que «Esto es un sueño», nos liberamos de los hábitos de concepción errónea y, por lo tanto, nos liberamos de la vida reducida de samsara en la cual la fantasía es tomada como realidad. Cuando nos damos cuenta de esto, estamos necesariamente presentes, ya que entonces es una realidad que no hay ningún otro lugar en el que podamos estar. Y no hay ningún método más poderoso para traer una lucidez consistente a los sueños que permanecer de continuo en una presencia lúcida durante el día.

Como dijimos antes, una parte importante de esta práctica consiste en experimentarte a ti mismo como un sueño. Imagina que eres una ilusión, una figura onírica, con un cuerpo que carece de solidez. Imagina que tu personalidad y tus diversas identidades son proyecciones de la mente. Mantén la presencia, la misma lucidez que estás tratando de cultivar en los sueños, mientras te percibes a ti mismo como algo insustancial y transitorio, hecho únicamente de luz. Esto crea una relación muy distinta contigo mismo que es cómoda, flexible y expansiva.

Cuando realices estas prácticas, no basta con limitarte a repetir una y otra vez que estás en un sueño. Debes experimentar la verdad de esta afirmación más allá de las palabras. Usa la imaginación, tus sentidos y la conciencia para integrar plenamente esta práctica con la experiencia sentida. Cuando haces la práctica correctamente, cada vez que piensas que estás en un sueño, la presencia se hace más fuerte y la experiencia más intensa. Si no experimentas este tipo de cambio cualitativo inmediato, asegúrate de que la práctica no se haya convertido únicamente en la repetición mecánica de una frase, lo cual no es nada beneficioso. No hay ninguna magia en el simple hecho de pensar en una fórmula; las palabras deberían ser utilizadas para recordarte que debes traer más conciencia y calma al momento presente. Cuando practiques el reconocimiento, «despiértate», aumentando la claridad y la presencia una y otra vez, hasta que el mero hecho de recordar el pensamiento «Esto es un sueño» provoque simultáneamente un fortalecimiento y una iluminación de la conciencia.

Ésta es la primera preparación: ver toda la vida como si fuera un sueño. Esto debe aplicarse en el momento de la percepción y antes de que surja una reacción. Ésta es una práctica potente en sí misma y afecta enormemente al practicante. Permanece en esta conciencia y experimentarás la lucidez, tanto estando despierto como durante el sueño.

Hay una sola advertencia acerca de esta práctica: es importante cuidar las responsabilidades y respetar la lógica y las limitaciones de la vida convencional. Cuando te dices a ti mismo que tu vida es un sueño, esto es cierto, pero aun así, si saltas desde un edificio, no volarás, sino que caerás. Si no vas a trabajar, no podrás pagar tus cuentas. Si introduces tu mano en el fuego, te quemarás. Es importante que permanezcas centrado en las realidades del mundo relativo, porque mientras exista un «tú» y un «yo», viviremos en un mundo relativo, donde otros seres sensibles estarán sufriendo, y las decisiones que tomemos tendrán consecuencias.

Dos: Eliminar la avidez y la aversión

La segunda práctica fundamental actúa para reducir aún más la avidez y la aversión. Mientras que la primera preparación se aplica en el momento de encontrarnos con los fenómenos y antes de que ocurra una reacción, la segunda práctica se realiza después de que ha surgido una reacción. Esencialmente son la misma práctica, pero se diferencian tan sólo por la situación en la que se aplican y por el objeto de la atención. La primera práctica dirige la conciencia lúcida y el reconocimiento de que los fenómenos son un sueño hacia todo aquello con lo que uno se encuentra: objetos de los sentidos, acontecimientos internos, nuestro propio cuerpo, etc. La segunda preparación dirige específicamente la misma conciencia lúcida hacia las reacciones con carga emocional que surgen en respuesta a los elementos de la experiencia.

Idealmente, esta práctica debería aplicarse tan pronto como surja cualquier avidez o aversión en respuesta a un objeto o una situación. La mente codiciosa puede manifestar su reacción en la forma de deseo, ira, celos, orgullo, envidia, tristeza, desesperación, alegría, ansiedad, depresión, miedo, aburrimiento o cualquier otra reacción emocional.

Cuando surja una reacción, recuérdate que tú, el objeto y tu reacción a él son un sueño. Piensa para ti: «Esta ira es un sueño. Este deseo es un sueño. Esta indignación, tristeza, euforia, son un sueño». La verdad de esta afirmación queda clara cuando prestas atención a los procesos internos que producen estados emocionales: literalmente los sueñas a través de una compleja interacción de pensamientos, imágenes, estados corporales y sensaciones. La reactividad emocional no se origina «ahí afuera», en objetos. Surge, es experimentada y cesa dentro de ti.

Hay una infinita variedad de estímulos a los que podrías reaccionar: puede surgir la atracción al ver a una mujer hermosa o un hombre guapo, la ira cuando un conductor te cierra el paso, el disgusto o la tristeza ante un entorno arruinado, la ansiedad y la preocupación acerca de una situación o una persona, y así sucesivamente. Cada situación y cada reacción deben ser reconocidas como sueños. No te limites a adherir la frase a una parte de tu experiencia; intenta sentir realmente la cualidad onírica de tu vida interior. Cuando uno siente realmente esta afirmación, cuando no sólo la piensa, la relación con la situación cambia y el fuerte apego emocional a los fenómenos se relaja. La situación se torna más clara y más espaciosa, y la avidez y la aversión son reconocidas directamente como las incómodas constricciones que realmente son. Éste es un poderoso antídoto contra el estado de casi posesión y obsesión que es creado por los estados emocionales negativos. La experiencia directa y segura de la utilización de esta práctica para deshacer el nudo de las emociones negativas es el comienzo de la verdadera práctica de la lucidez y flexibilidad que conduce a la libertad. Con la práctica constante, uno puede dejar ir incluso estados intensos de ira, de depresión, y otros estados de infelicidad. Y cuando esto ocurre, se desvanecen.

Por lo general, las enseñanzas se refieren a esta práctica en particular como un método para dejar los apegos. Existen maneras saludables y no saludables de renunciar a ellos. No sirve de nada reprimir los deseos, pues entonces se transforman en agitación interna, o en descalificaciones externas e intolerancia. E intentar huir del dolor a través de la distracción o tensando el cuerpo para ahogar la experiencia también va en contra de nuestro desarrollo espiritual. Renunciar a la vida mundana y convertirse en monje o monja puede ser saludable, pero también puede ser un intento poco saludable de escapar de las experiencias difíciles mediante la represión y la evitación.

El yoga de los sueños corta los apegos mediante la reorganización de la percepción y la comprensión del objeto o la situación, modificando el punto de vista y permitiendo al practicante ver a través de la apariencia ilusoria de un objeto hasta percibir su realidad radiante, luminosa. Cuando la práctica va progresando, los objetos y las situaciones no sólo son experimentados con mayor claridad e intensidad, sino que además son reconocidos como efímeros, insustanciales y fugaces. Esto nivela la importancia relativa de los fenómenos y disminuye la avidez y la aversión basadas en las preferencias.

Tres: Fortalecer la intención

La tercera preparación incluye repasar lo ocurrido durante el día antes de ir a dormir y fortalecer la intención de practicar durante la noche. Mientras te preparas para dormir, deja que surjan los recuerdos del día. Reconoce que cualquier cosa que llegue a tu mente es un sueño. Los recuerdos que con mayor probabilidad surgirán serán los de aquellas experiencias lo suficientemente fuertes como para afectar a los sueños que vendrán. La memoria es en realidad muy similar a los sueños. Una vez más, no se trata de poner etiquetas automáticamente, como un ritual que repite «Eso fue un sueño» una y otra vez. Intenta comprender realmente la naturaleza onírica de tu experiencia, de las proyecciones que la sostienen, y siente la diferencia al relacionarte con la experiencia como si fuera un sueño.

Luego desarrolla la fuerte determinación de reconocer a los sueños nocturnos como lo que realmente son. Ten la más fuerte intención de saber que estás soñando, de una forma directa e intensa, mientras estás soñando. La intención es como una flecha que la conciencia puede seguir durante la noche, una flecha dirigida a la lucidez en el sueño. La frase tibetana que utilizamos para generar intención se traduce como «enviar un deseo». Aquí deberíamos tener la sensación de que estamos creando plegarias e intenciones y enviándolas a nuestros maestros y a los budas y las deidades, prometiendo que intentaremos permanecer conscientes y solicitando su ayuda. Existen otras prácticas que pueden realizarse antes de dormir, pero ésta está al alcance de todos.

Cuatro: Cultivar la memoria y el esfuerzo gozoso

La cuarta práctica fundamental se realiza al despertar por la mañana. Esta práctica cultiva aún más la intención fuerte y además fortalece la capacidad de recordar los sucesos de la noche.

Empieza repasando la noche. El término tibetano para esta preparación es, literalmente, «recordar». ¿Soñaste? ¿Eras consciente de que estabas en un sueño? Si soñaste pero no lograste la lucidez, entonces deberías reflexionar: «Soñé pero no reconocí el sueño como un sueño. Aunque fue un sueño». Decide que la próxima vez que entres en un sueño, serás consciente de su verdadera naturaleza mientras estás en el sueño.

Si te resulta difícil recordar los sueños, quizás te ayude generar, durante el día y particularmente antes de dormir, una firme intención de recordar tus sueños. También puedes anotar tus sueños en una libreta o grabarlos, ya que ello reforzará el hábito de tratar a tus sueños como algo valioso. El acto mismo de preparar la libreta o la grabadora por la noche sirve para apoyar la intención de recordar el sueño al despertar. No es difícil para nadie recordar los sueños una vez que la intención de hacerlo ha sido generada y sostenida, incluso si lo has hecho sólo durante unos pocos días.

Si tuviste un sueño lúcido, siente la dicha de haberlo logrado. Desarrolla una felicidad relativa a la práctica y decide continuar desarrollando la lucidez durante la siguiente noche. Continúa creando la intención, utilizando tanto los éxitos como los fracasos como ocasiones para desarrollar una intención incluso más fuerte de realizar la práctica. Y has de saber que incluso tu intención es un sueño.

Por último, durante la mañana, genera la firme intención de continuar siendo constante en la práctica a lo largo del día. Y reza con todo tu corazón para tener éxito; la oración es como un poder mágico que todos tenemos y que olvidamos utilizar.

Esta práctica se fusiona con la primera práctica fundamental, reconociendo que toda experiencia es un sueño. De esta manera, se convierte en una práctica ininterrumpida alrededor de la rueda del día y la noche.

Constancia

La importancia de las cuatro preparaciones para las etapas posteriores del yoga de los sueños nunca será resaltada suficientemente, pues son mucho más poderosas de lo que puede parecer. Además, son prácticas que cualquiera puede realizar, tienen un enfoque más psicológico que muchas otras y no presentan ninguna dificultad para el practicante. Limitarte a realizar una práctica antes de dormir puede resultar ineficaz, pero con la práctica constante de las preparaciones durante el día, se hace mucho más fácil alcanzar la lucidez en los sueños y luego pasar a las siguientes prácticas. Utilizar estas prácticas hace que todo lo que ocurre sea un motivo para volver a la presencia, y esto traerá grandes beneficios a la vida cotidiana y te conducirá al éxito en el yoga de los sueños.

Si no obtienes resultados inmediatos, incluso si debes practicar durante mucho tiempo antes de alcanzar la lucidez en los sueños, no debes desanimarte. No creas que es inútil y que no puedes realizar la práctica. Piensa en las diferencias en cómo pensabas y actuabas cuando tenías diez años en relación con cómo lo haces ahora: hay un cambio constante. No te permitas quedarte atascado, creyendo que los límites que tienes en tu práctica actualmente continuarán existiendo en el futuro. Al saber que nada permanece igual, no debes creer que las cosas seguirán manifestándose tal como se manifiestan ahora.

Experimentar las cualidades vívidas, luminosas y oníricas de la vida permite que tu experiencia se torne más espaciosa, liviana y clara. Cuando la lucidez se desarrolla en los sueños y en el estado de vigilia, existe una libertad mucho mayor para dar forma a la vida positivamente y para al final renunciar por completo a las preferencias y a los dualismos y permanecer en la presencia no dual.

4

Preparación para la noche

La persona común, al no conocer los principios de la meditación, lleva a la noche las tensiones, las emociones, los pensamientos y las confusiones del día. Para una persona así, no existe una determinada práctica o un momento reservado para procesar lo ocurrido en el día o para serenarse antes de dormir. En lugar de eso, el sueño llega en medio de la distracción y las negatividades permanecen en la mente a lo largo de la noche. Cuando un sueño surge a partir de estas negatividades, no hay ninguna estabilidad en la presencia y la persona se deja llevar por las imágenes y las confusiones del mundo onírico. El cuerpo se mantiene tenso por la ansiedad, o pesado por la tristeza, y el prana en el cuerpo se agita y es irregular mientras la mente va de aquí para allá. El sueño se ve perturbado, los sueños son estresantes, o son meramente un escape placentero, y la persona despierta cansada por la mañana y a menudo continúa en un estado negativo a lo largo del día.

Incluso para alguien que no practica los yogas de los sueños y del dormir, es beneficioso prepararse para dormir y tomarlo en serio. Purificar la mente todo lo posible antes de dormir, al igual que antes de meditar, genera una mayor presencia y cualidades positivas. En lugar de llevar las emociones negativas a la noche, utiliza todas las habilidades que tengas para liberarte de esas emociones. Si sabes cómo permitir que las emociones se autoliberen, se desvanezcan en el vacío, hazlo. Si sabes cómo transformarlas o proporcionar un antídoto, entonces utiliza ese conocimiento. Intenta conectar con el lama, el *yidam** y la dakini; reza a los budas y a las deidades; genera compasión. Haz lo que puedas para liberarte de la tensión en el cuerpo y de las actitudes negativas en la mente. Libre de perturbaciones, con una mente liviana y fácil, experimentarás un sueño que será más descansado y sanador. Incluso si no te es posible realizar el resto de las prácticas, esta práctica es positiva para todo el mundo y puede ser incorporada en la vida cotidiana.

Abajo encontrarás algunas preparaciones para la noche, pero no te limites a ellas. Lo importante es que seas consciente de lo que estás haciendo con tu mente y cómo te está afectando, y utilizar tus conocimientos para serenarte, estar presente y abrirte a las posibilidades de la noche.

Las nueve respiraciones de purificación

Es posible que hayas notado cuánta tensión hay en el cuerpo y cómo afecta a la respiración. Cuando alguien con quien tenemos dificultades entra en la habitación, el cuerpo se tensa y la respiración se hace más corta y más cerrada. Cuando estamos asustados, la respiración se vuelve más rápida y superficial. En la tristeza, la respiración suele ser profunda y estar salpicada de suspiros. Y si alguien a quien realmente apreciamos y valoramos entra en la habitación, el cuerpo se relaja y la respiración se abre y se hace más natural.

En lugar de esperar a que la experiencia altere nuestra respiración, podemos modificarla deliberadamente para cambiar nuestra experiencia. Las nueve respiraciones de purificación es una práctica breve para aclarar y purificar los canales y relajar la mente y el cuerpo. En la página 58 puedes encontrar las ilustraciones de los canales.

Siéntate en la postura de meditación con las piernas cruzadas. Coloca las palmas de tus manos hacia arriba sobre tu regazo, con la mano izquierda descansando sobre la derecha. Inclina la cabeza ligeramente para estirar el cuello.

Visualiza los tres canales de energía en tu cuerpo. El canal central es azul y asciende en línea recta por el centro de tu cuerpo; es del tamaño de un bastón y se ensancha ligeramente desde el corazón hasta su apertura en la coronilla de la cabeza. Los canales laterales son del diámetro de un lápiz y se unen al canal central en la base, a unos diez centímetros por debajo del ombligo. Ascienden en línea recta por todo el cuerpo a ambos lados del canal central y se abren en los orificios nasales. En las mujeres el canal derecho es rojo y el izquierdo es blanco. En los hombres el canal derecho es blanco y el izquierdo es rojo.

Las primeras tres respiraciones

Para los hombres: Levanta la mano derecha y con el pulgar presiona la base del dedo anular. Cerrando el orificio nasal derecho con el dedo anular, inspira luz verde a través del orificio nasal izquierdo. Luego, cerrando el orificio nasal izquierdo con el dedo anular de la mano derecha, espira completamente a través del orificio nasal derecho. Repite esto durante tres inspiraciones y espiraciones.

Para las mujeres: Levanta la mano izquierda y con el pulgar presiona la base del dedo anular. Cerrando el orificio nasal izquierdo con el dedo anular, inspira luz verde a través del orificio nasal derecho. Luego, cerrando el orificio nasal derecho con el dedo anular, espira completamente a través del orificio nasal izquierdo. Repite esto durante tres inspiraciones y espiraciones.

En cada espiración, imagina que todos los obstáculos relacionados con las potencias masculinas son expulsados desde el canal blanco en forma de aire de color azul claro. Éstos incluyen las enfermedades asociadas con los alientos (pranas), así como los obstáculos y oscurecimientos conectados con el pasado.

Las segundas tres respiraciones

Para hombres y mujeres: Cambia las manos y los orificios nasales y repite durante tres inspiraciones y espiraciones. Con cada espiración, imagina que todos los obstáculos relacionados con las potencias femeninas son expulsados desde el canal rojo en la forma de un aire de color rosa claro. Éstos incluyen las enfermedades asociadas a la bilis, así como los obstáculos y oscurecimientos asociados al futuro.

Las terceras tres respiraciones

Para hombres y mujeres: Coloca la mano izquierda sobre la derecha en tu regazo, con las palmas hacia arriba. Inspira una luz sanadora de color verde por ambos orificios nasales. Visualiza que desciende por los canales laterales hasta la unión con el canal principal, cuatro dedos por debajo del ombligo. Con la espiración, visualiza la energía ascendiendo por el canal central y saliendo por la parte superior de tu cabeza. Completa tres inspiraciones y espiraciones. Con cada espiración, imagina que todas las potencialidades de enfermedades asociadas con los espíritus hostiles son expelidas desde la parte superior de la cabeza en forma de humo negro. Éstas incluyen las enfermedades asociadas con la flema, así como los obstáculos y oscurecimientos asociados al presente.

El yoga del gurú

El yoga del gurú es una práctica esencial en todas las escuelas de budismo tibetano y Bön. Esto se aplica al sutra, el tantra y el Dzogchen. El yoga del gurú desarrolla la conexión del corazón con el maestro. Al fortalecer continuamente nuestra devoción, llegamos a un lugar de devoción pura en nosotros mismos, la cual es la base inquebrantable y poderosa de la práctica. La esencia del yoga del gurú es fusionar la mente del practicante con la mente del maestro.

¿Qué es el verdadero maestro? Es la naturaleza informe y fundamental de la mente, la consciencia primordial de la base de todas las cosas. Pero dado que existimos en la dualidad, para nosotros es mejor visualizar esto con una forma. Al hacerlo así, utilizamos hábilmente los dualismos de la mente conceptual para fortalecer aún más la devoción y ayudarnos a mantenernos enfocados en la práctica y en la generación de cualidades positivas.

En la tradición Bön, solemos visualizar a Tapihritsa* como el maestro, o el Buda Shenla Odker*, quien representa la unión de todos los maestros. Si ya eres un practicante, quizás tengas a otra deidad a la que desees visualizar, como Guru Rinpoche, o a un yidam o una dakini. Aunque es importante que trabajes con un linaje con el que tengas alguna conexión, debes entender que el maestro que visualizas es la personificación de todos los maestros con los que has conectado, todos aquellos con los que has estudiado y todas las deidades con las que estás comprometido. El maestro en el yoga del gurú no es simplemente un individuo, sino que

Tapihritsa

es la esencia de la iluminación, la consciencia primordial que es tu verdadera naturaleza.

El maestro es también el profesor del cual recibes las enseñanzas. En la tradición tibetana, decimos que el maestro es más importante que el buda. ¿Por qué? Porque el maestro es el mensajero inmediato de las enseñanzas, es el que transmite la sabiduría del buda al estudiante. Sin el maestro, no podríamos encontrar el camino para llegar al buda. De manera que deberíamos sentir por el maestro la misma devoción que sentiríamos por el buda si éste se apareciera repentinamente ante nosotros.

El yoga del gurú no se practica meramente para generar un sentimiento hacia una imagen visualizada. Lo practicas para encontrar en ti la mente fundamental que es igual a la mente fundamental de todos tus maestros y de todos los budas y seres realizados que han existido. Cuando te fusionas con el gurú, te fusionas con tu verdadera naturaleza prístina, que es el verdadero guía y maestro. Pero ésta no debería ser una práctica abstracta. Cuando practiques el yoga del gurú, intenta sentir una devoción tan intensa que se erice el pelo de tu nuca, que las lágrimas caigan por tus mejillas y que tu corazón se abra y se llene de un gran amor. Permítete fundirte en la unión con la mente del gurú, que es tu naturaleza búdica iluminada. Ésta es la forma de practicar el yoga del gurú.

La práctica

Después de las nueve respiraciones, estando todavía sentado en la postura de meditación, visualiza al maestro elevado delante de ti. No debería ser una imagen plana, de dos dimensiones: permite que un ser real esté ahí, en tres dimensiones, hecho de luz, puro, y con una fuerte presencia que afecte a los sentimientos en tu cuerpo, tu energía y tu mente. Genera una devoción intensa y reflexiona sobre el gran regalo que representan las enseñanzas y lo inmensamente afortunado que eres por haber establecido una conexión con ellos. Ofrece una plegaria sincera, pidiendo que tus negatividades y oscurecimientos sean retirados, que tus cualidades positivas se desarrollen y que realices el yoga de los sueños.

A continuación, imagina que recibes bendiciones del maestro o la maestra en la forma de tres luces de colores que irradian desde sus tres puertas de sabiduría (del cuerpo, el habla y la mente) y entran en las tuyas. Las luces deberían ser transmitidas en la siguiente secuencia: la luz blanca irradia desde el chakra del entrecejo del maestro y entra en el tuyo, purificando y relajando todo tu cuerpo y tu dimensión física. Luego la luz roja irradia desde el chakra de la garganta del maestro y entra en el tuyo, purificando y relajando tu dimensión energética. Por último, la luz azul irradia desde el chakra del corazón del maestro y penetra en el tuyo, purificando y relajando tu mente.

Cuando las luces penetren en tu cuerpo, siéntelas. Deja que tu cuerpo, tu energía y tu mente se relajen, inundados con la luz de la sabiduría. Usa tu imaginación para hacer que las bendiciones sean reales en toda tu experiencia, en tu cuerpo y tu energía, así como en las imágenes de tu mente.

Después de haber recibido la bendición, imagina que el maestro se desvanece en la luz que entra en tu corazón y reside ahí como tu esencia más profunda. Imagina que tú te desvaneces en esa luz y permaneces en la conciencia pura, rigpa.

Existen instrucciones más elaboradas para el yoga del gurú que pueden incluir postraciones, ofrendas, gestos, mantras y visualizaciones más complicadas, pero la esencia de la práctica es unir tu mente con la mente del maestro, que es conciencia pura, no dual. El yoga del gurú puede realizarse en cualquier momento del día; cuanto más frecuentemente, mejor. Muchos maestros dicen que, de todas las prácticas, la más importante es el yoga del gurú, pues confiere las bendiciones del linaje y puede abrir y ablandar el corazón y aquietar la mente revoltosa. Realizar por completo el yoga del gurú es realizar el camino.

Protección

Quedarse dormido es un poco como morir, es un viaje hacia lo desconocido que emprendemos solos. Normalmente el acto de dormir no nos preocupa porque estamos familiarizados con él, pero piensa en lo que implica. Nos perdemos por completo en un vacío durante un período de tiempo, hasta que reaparecemos en un sueño. Cuando esto ocurre, es posible que tengamos una identidad y un cuerpo distintos. Es posible que nos encontremos en un lugar extraño, con personas a las que no conocemos, participando en actividades incomprensibles que pueden parecer bastante arriesgadas.

El mero hecho de intentar dormir en un lugar desconocido puede producir ansiedad. El lugar puede parecer perfectamente seguro y confortable, pero no dormimos tan bien como en casa, en un entorno conocido. Es posible que sintamos que la energía del lugar nos resulta perturbadora. O quizás lo que nos altera son nuestras propias inseguridades, e incluso en lugares conocidos nos podemos sentir ansiosos mientras esperamos que llegue el sueño, o asustados por lo que soñamos. Cuando nos quedamos dormidos sintiendo ansiedad, nuestros sueños se mezclan con el miedo y la tensión, el sueño no es tan descansado y nos es más difícil realizar la práctica. De manera que una buena idea es crear una sensación de protección antes de dormir y convertir el área donde dormimos en un lugar sagrado.

Esto se consigue imaginando que hay dakinis en el lugar donde vamos a dormir. Visualiza a las dakinis como unas diosas hermosas, unos seres femeninos iluminados y amorosos, de color verde, y poderosamente protectores. Ellas permanecen cerca de ti cuando te quedas dormido y durante toda la noche, como madres cuidando de su niño, o guardianas que rodean al rey o la reina. Imagina que están por todas partes, vigilando las puertas y las ventanas, sentadas junto a tu cama, caminando en el jardín o en el patio, y así sucesivamente, hasta que te sientas completamente protegido.

Una vez más, esta práctica es más que un mero intento de visualizar algo: debes ver a las dakinis con tu mente, pero también debes usar la imaginación para sentir su presencia. Crear de esta manera un ambiente protector y sagrado es tranquilizador y relajante, y favorece un sueño reparador. Así es como vive el místico: viendo la magia, cambiando el entorno con su mente y permitiendo que los actos, incluso los actos de la imaginación, tengan importancia.

Puedes incrementar la sensación de paz en el ambiente en el que duermes teniendo objetos de una naturaleza sagrada en tu dormitorio: imágenes serenas y amorosas, símbolos sagrados y religiosos, y otros objetos que dirijan a tu mente hacia el camino.

El *Tantra Madre* nos dice que cuando nos preparamos para dormir, deberíamos ser conscientes de las causas de los sueños, del objeto en el que nos debemos concentrar, de los protectores y de nosotros mismos. Mantén todo esto en tu conciencia, no como muchas cosas, sino como un solo ambiente, y ello tendrá un gran efecto en los sueños y en el dormir.

5

La práctica principal

Para desarrollar plenamente el yoga de los sueños, hay cuatro tareas que deben realizarse en secuencia: 1) Llevar la conciencia al canal central, 2) cultivar la visión clara y la experiencia, 3) desarrollar el poder y la fuerza para no perdernos y 4) desarrollar nuestro lado iracundo para superar el miedo. Estas tareas corresponden a las cuatro cualidades de los sueños –tranquilos, alegres, poderosos e iracundos– y a las cuatro secciones de la práctica.

Llevar la conciencia al canal central

Después de haber trabajado con las prácticas preliminares durante el día, y después de haber realizado las prácticas antes de dormir (la respiración purificadora, el yoga del gurú, la generación de compasión y amor, la visualización de las dakinis protectoras y la creación de la intención para la noche), se realiza la primera práctica principal.

Acuéstate en la postura del león: los hombres se acuestan sobre su lado derecho y las mujeres sobre el izquierdo. Flexiona las rodillas lo suficiente como para que el cuerpo tenga estabilidad, descansa el brazo que está en la parte superior a lo largo de tu costado y coloca la mano que está abajo debajo de tu mejilla. Puede resultar beneficioso experimentar con el uso de una almohada ligeramente más alta, teniendo cuidado con tu cuello, para que tu sueño sea más liviano. Respira suavemente y relaja el cuerpo. Deja que la respiración sea plena y muy silenciosa, de tal manera que no puedas oír ni la inhalación ni la exhalación.

Visualiza una hermosa flor de loto roja con cuatro pétalos en tu chakra de la garganta. Este chakra se encuentra en la base de la garganta, más cerca de donde el cuello se une con los hombros que de la cabeza. En el centro de los cuatro pétalos, mirando hacia adelante, hay una letra tibetana *A* erguida, luminosa, clara y translúcida, como un cristal hecho de luz pura. De la misma manera en que un cristal colocado sobre una tela roja refleja el color y aparenta ser rojo, así también la *A* adquiere el

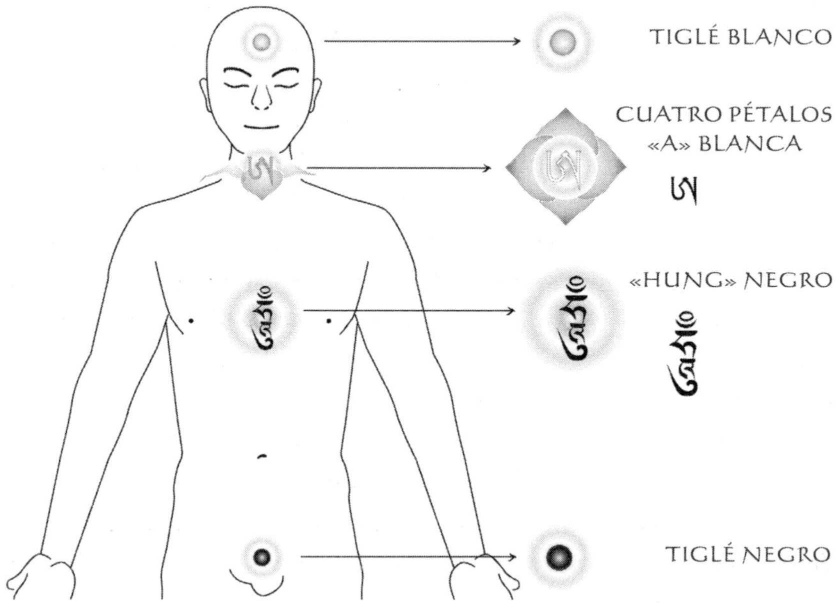

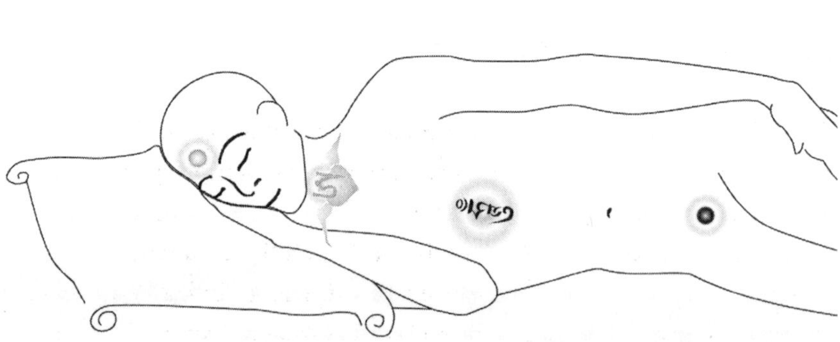

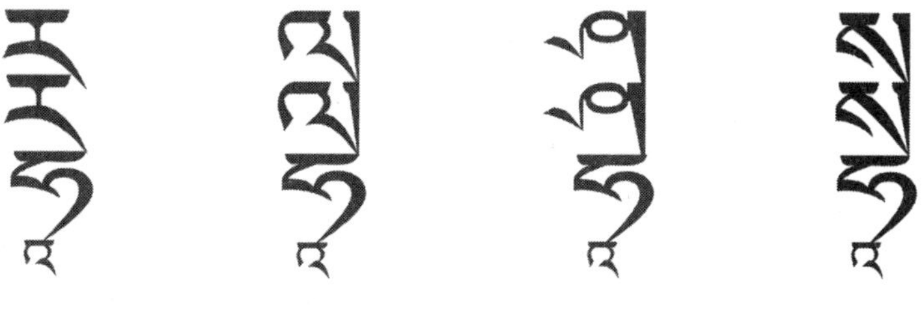

RA LA SHA SA

tono rojo de los pétalos y aparenta ser de ese color. En cada uno de los cuatro pétalos hay una sílaba: *RA* en el de delante, *LA* en el de la izquierda, *SHA* en el posterior y *SA* en el de la derecha. Mientras el sueño llega, mantén una concentración ligera y relajada en la *A*.

Esta parte de la práctica tiene la finalidad de llevar a la mente y el prana al canal central. La cualidad es tranquila, y cuando nos fusionamos con la letra *A* de color rojo intenso, encontramos la paz en nuestro interior. La enseñanza dice que concentrarnos en este chakra produce sueños agradables. El ejemplo que nos da es un sueño en el que una dakini invita amablemente al soñador a acompañarla. Ella lo ayuda a subir en un ave mística (garuda) o un león y lo conduce hasta una tierra pura, un lugar hermoso y sagrado. Pero no es necesario que el sueño sea tan específico. Podría ser simplemente un paseo en un bonito jardín o en las montañas, guiado por otras personas. La calidad de los sueños generados tiene menos que ver con las imágenes particulares y más que ver con la sensación de paz.

Incrementar la claridad

Después de haber dormido aproximadamente dos horas, despiértate y haz la segunda parte de la práctica. Tradicionalmente, esta práctica se realiza alrededor de la medianoche, pero como ahora todo el mundo tiene diferentes horarios, puedes adaptar la práctica a tu vida.

Adopta la misma postura que en la primera práctica: los hombres deben acostarse sobre su lado derecho y las mujeres sobre el izquierdo.

Se debe respirar de una forma particular: inspira y contén la respiración muy suavemente. Aprieta de forma ligera el perineo, los músculos en el suelo de la pelvis, de tal manera que tengas la sensación de estar llevando la respiración contenida hacia arriba. Trata de experimentar que contienes la respiración justo debajo del ombligo, comprimida por la presión de abajo. Es difícil imaginar este tipo de respiración y quizás necesites experimentar un poco con ella hasta que descubras su sentido. Y es mejor aún si puedes recibir instrucciones detalladas de un profesor.

Después de haber contenido la respiración durante unos instantes, espira suavemente. Durante la exhalación, relaja los músculos de la pelvis, el pecho y todo el cuerpo. Relájate completamente. Repite esto siete veces.

El punto de concentración es el chakra que está centrado ligeramente por encima y detrás del punto donde las cejas se encontrarían en el entrecejo. Visualiza una esfera de luz blanca y luminosa (*diglé**) en el chakra. Es un punto de claridad. Un tiglé, también conocido como *bindu*, puede ser muchas cosas y se traduce de varias maneras. En un contexto es una cualidad energética que podemos encontrar en el cuerpo, mientras que en otro contexto puede representar la totalidad ilimitada. Cuando lo utilizamos en la práctica, el tiglé es una esfera de luz luminosa, pequeña e insubstancial. Los tiglés de distintos colores representan las diferentes cualidades de la consciencia y visualizarlos tiene la finalidad de actuar como una puerta hacia la experiencia de esa cualidad.

La indicación de «visualizar» el tiglé no significa que debas visualizar una imagen estática de una luz blanca redonda; en lugar de eso, imagina que estás fusionándote con algo que realmente está ahí. Intenta sentir el tiglé con tus sentidos imaginarios y únete completamente con él hasta que sólo existan la claridad y la luminosidad. Algunas personas verán la luz claramente con su sentido visual interior, mientras que otras, más que verla, la sentirán. Sentirla es más importante que verla. Lo más importante es que te fundas completamente con ella.

Cuando la mente está conectada con el tiglé blanco luminoso en el chakra del entrecejo, se mantiene clara y presente. A medida que la experiencia de la luz se vaya incrementando, haciéndose más intensa y más inclusiva, déjate absorber en ella mientras la mente continúa aumentando su lucidez. Si duermes en este estado, estás continuamente consciente.

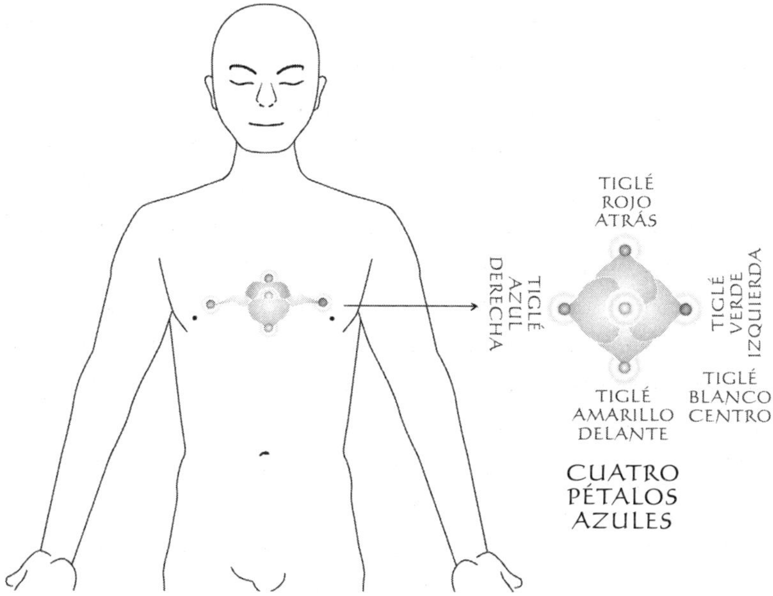

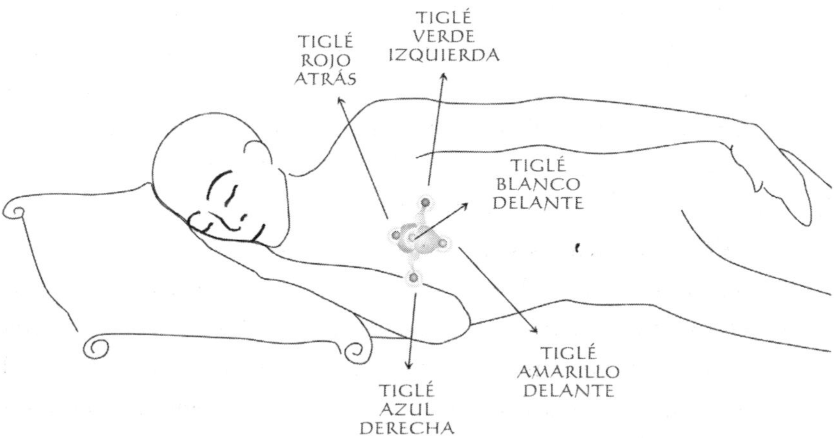

Desarrollar la claridad y la continuidad de presencia es el propósito de esta sección de la práctica. A esto nos referimos cuando hablamos de «incrementar la luminosidad del sueño». Intenta conectar con la sensación que hay detrás de la palabra «luminosidad», con la experiencia real. La metáfora solamente apunta a una experiencia que es más profunda que el lenguaje y la representación visual.

Así pues, el «incremento» es la cualidad de los sueños manifestados a lo largo de esta sección de la práctica. El sentido aquí es el de desarrollo o crecimiento hacia la realización, de generación, de recompensa. El ejemplo dado en el *Tantra Madre* es el de un sueño en el que una dakini toca unos instrumentos musicales, canta y trae flores, frutas y ropas para el soñador. Una vez más, esto no significa que los sueños deban incluir a una dakini u otra imagen específica, pero cuando el practicante se fortalezca en esta parte de la práctica, los sueños se caracterizarán por el disfrute colorido.

Fortalecer la presencia

La tercera parte de la práctica se realiza unas dos horas después de la segunda, más o menos cuatro horas después de haber iniciado el período del sueño. Tradicionalmente, esto suele ser unas dos horas antes del amanecer. Para esta parte de la práctica, se adopta una posición distinta: acuéstate boca arriba sobre una almohada muy grande. Cruza las piernas cómodamente, no como en la postura de meditación; no importa si la pierna derecha o la izquierda está encima de la otra. La posición es un tanto similar a la que uno adopta en un asiento de primera clase en un avión: estás reclinado, pero no completamente horizontal. Utilizar una almohada alta te ayudará a que el sueño sea ligero y a generar una mayor lucidez en los sueños, pero asegúrate de que tu cuello esté cómodo. No permanezcas en una posición incómoda.

Es importante prestar atención a las necesidades del cuerpo. Cuando era pequeño, pasaba muchas horas en la escuela sentado con las piernas cruzadas todos los días, de manera que esta postura es fácil para mí. Pero esto no es así para la mayoría de occidentales. La idea no es sentir dolor durante toda la noche, sino mantener la continuidad de la conciencia. Adapta la práctica teniendo en cuenta ese objetivo.

Para esta parte de la práctica, respira de forma profunda y suave veintiuna veces, estando siempre plenamente consciente de la respiración.

El punto de concentración es el chakra del corazón, dentro del cual se visualiza la sílaba HUNG negra y luminosa. Ésta mira hacia delante,

La sílaba tibetana HUNG

al igual que el cuerpo. Fusiónate con la sílaba de tal manera que todo sea la negra HUNG. Conviértete en la negra HUNG. Deja que la mente descanse ligeramente en la negra HUNG y duérmete.

La cualidad que se está desarrollando aquí es el poder. No tienes que hacer nada; no te hinches «intentando» sentirte poderoso. Se trata de hallar el poder que ya está dentro de ti. La sensación de poder es también una sensación de seguridad; los sueños que se generan en esta parte de la

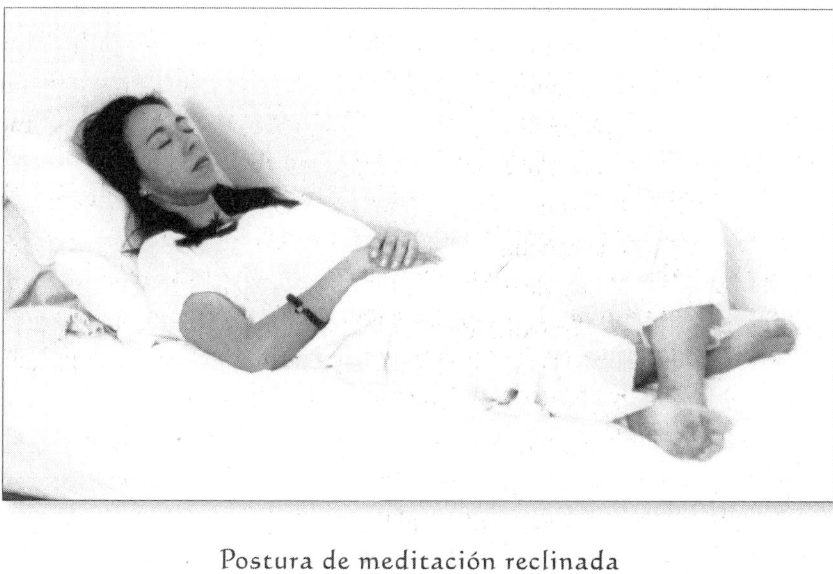

Postura de meditación reclinada

práctica tienen que ver con esta sensación de poder seguro. Los ejemplos en el *Tantra Madre* son sueños en los que una poderosa dakini indica al soñador que se siente en un trono, o el soñador entra en un castillo seguro para recibir las enseñanzas, o recibe la aprobación de su padre o su madre. La cualidad es lo que es importante, no las imágenes específicas. En lugar de que una dakini siente al soñador en un trono, podría ser un jefe concediéndole un ascenso, o la madre del soñador organizando una fiesta para celebrar sus logros. Ambos sueños serían característicos de esta parte de la práctica. En lugar de un castillo, el sueño podría desarrollarse en una situación que haga que el soñador se sienta seguro, y en lugar de uno de sus padres, podría haber otra persona en el sueño que lo haga sentir estabilidad, seguridad y fortaleza.

DESARROLLAR LA AUSENCIA DE MIEDO

La cuarta parte de la práctica es la más fácil porque no es necesario volver a despertarse hasta la mañana. No hay que adoptar ninguna posición en particular; sólo estar cómodos. No hay ninguna respiración indicada; hay que dejar que la respiración siga su ritmo natural. Tradicionalmente, esto se realiza dos horas después del último despertar, justo antes de que amanezca.

El punto de concentración es el «chakra secreto», que se encuentra detrás de los genitales. Dentro del chakra hay una esfera de luz negra y luminosa: un tiglé negro. Éste es el aspecto más oscuro de la imaginación. La enseñanza dice que los sueños generados aquí probablemente contendrán dakinis iracundas, fuego en la montaña y en los valles, ríos torrenciales o vientos que lo destruirán todo a su paso. Éstos son los sueños en los que los elementos destruyen la imagen del yo; son sueños que pueden ser aterradores. Descubre si esto te ocurre a ti. La cualidad de los sueños en esta sección de la noche debería acabar siendo iracunda.

En esta parte de la práctica, entra en el tiglé negro y luminoso en el chakra secreto y conviértete en él. Luego deja que tu mente se relaje y se concentre ligeramente en la luz negra luminosa que está en todas partes, que inunda tus sentidos y tu mente, y comienza a dormir.

Las cuatro cualidades (serenidad, realización, poder e ira) incluyen una amplia gama de imágenes, sentimientos, emociones y experiencias asociados a ellas. Como dijimos antes, no es necesariamente cierto que vayas a tener los tipos de sueños específicos que se presentan como ejemplos en las enseñanzas. Lo importante es la cualidad: el tono emocional, la sensación que nos transmite el sueño, las corrientes dominantes pero posiblemente sutiles en la experiencia del sueño. Así es como determinamos a qué chakra está vinculado, a qué dimensión de la experiencia; pero esto no se logra intentando descifrar el contenido del sueño. Esto también indica dónde se concentran el prana y la mente en el sistema energético del cuerpo para producir un determinado sueño. El sueño también puede estar influenciado por los acontecimientos y las experiencias del día que lo precedió. Al examinar todo lo relacionado con un sueño, podemos obtener una gran cantidad de información.

Ya no hay ningún período adicional en el que haya que despertar para la práctica, pero ciertamente tendrás que despertar para empezar tu día. Cuando lo hagas, intenta hacerlo en la presencia, siendo consciente de que estás despertando. El objetivo de la práctica es desarrollar una continuidad de la conciencia durante la noche, a lo largo de los períodos de dormir y despertar, y durante todo el día.

La postura

Las diferentes posturas corporales abren o comprimen determinados canales energéticos e influyen en el fluir de la energía sutil. Nosotros utilizamos estos conocimientos para ayudar a procesos específicos de la práctica. La tradición tibetana considera que las emociones negativas están más estrechamente asociadas al canal principal en el lado derecho del cuerpo en los hombres y en el izquierdo en las mujeres. Cuando un hombre duerme sobre su costado derecho, el canal que transporta mayormente prana negativo es forzado a cerrarse un poco y el canal izquierdo se abre. Además, el pulmón, el órgano físico, está un poco comprimido de ese lado, de manera que el pulmón del lado opuesto es ligeramente más responsable de la respiración. Probablemente ya estás familiarizado con los efectos de acostarte sobre un costado: cuando te acuestas sobre tu lado derecho, es más fácil respirar por tu orificio nasal izquierdo. En el caso de los hombres, consideramos que esta posición es beneficiosa para el movimiento del prana de la sabiduría positiva por el canal izquierdo. Las mujeres se benefician de manera inversa: al dormir sobre su lado izquierdo, se abre el canal de la sabiduría que se encuentra en su lado derecho. Esto afecta a los sueños de una forma positiva y facilita la práctica de los sueños. Abrir el flujo del prana de la sabiduría es un recurso provisional, ya que fundamentalmente queremos que el prana equilibrado entre en el canal central.

Además, al prestar atención a la postura, la conciencia se mantiene más estable mientras dormimos. En mi pueblo natal, la mayoría de la gente duerme sobre una alfombra tibetana de noventa centímetros de ancho y un metro ochenta de largo. Si uno se mueve demasiado, se cae de la cama, pero eso no suele ocurrir, porque cuando uno duerme sobre una superficie pequeña, la posición del cuerpo se mantiene en la mente durmiente durante toda la noche. Por ejemplo, si uno está durmiendo sobre una repisa estrecha, mantiene la conciencia suficiente para evitar rodar y caer. Aquí, en las camas grandes de Occidente, la persona puede rotar como las agujas de un reloj sin caerse, pero mantener la posición de todos modos ayudará a mantener la conciencia.

Puedes experimentar con esto cuando descubras que tu concentración está dispersa. Cambia de posición y haz que tu respiración sea más tranquila y suave. Es posible que descubras que puedes concentrarte muy bien. Respirar, el movimiento del prana, la posición del cuerpo, los pensamientos y la cualidad de la mente: todo ello está interrelacionado. Desarrollar la comprensión de esto permite que el practicante genere conscientemente experiencias positivas.

Enfocar la mente

De la misma manera en que las diversas posturas del cuerpo alteran el fluir de la energía y afectan a la calidad de la experiencia, también lo hacen las diferentes visualizaciones centradas en el cuerpo. En cada una de las cuatro partes de la práctica principal, debemos concentrarnos en una luz de color y en un tiglé o sílaba en uno de los cuatro chakras.

Cuando visualizamos una flor de loto de color, un tiglé o una sílaba en el lugar donde está ubicado un chakra, en realidad esas cosas no están ahí. La visualización es como un dibujo o un símbolo que representa los patrones y las cualidades de energía que se mueven por ese lugar. Al utilizar esas imágenes, la mente puede conectar mejor con los patrones de energía específicos en su ubicación precisa en el cuerpo, y nuestra consciencia es afectada por dicha conexión. El color también tiene un efecto en la consciencia, como lo sabemos bien por la experiencia cotidiana: si entramos en una habitación pintada de rojo, nuestra experiencia es muy distinta a si entramos en una habitación blanca, o verde, o negra. El color utilizado en la visualización ayuda a establecer una determinada cualidad en la consciencia.

Cuando meditamos, tendemos a pensar en la concentración y la distracción como si fuera un interruptor que encendemos o apagamos, pero ése no es el caso. La conciencia puede estar enfocada en diversos grados de intensidad. Por ejemplo, cuando salí de un retiro oscuro prolongado, todos los fenómenos visuales me parecieron sumamente intensos. Las casas y los árboles, cada color y cada objeto, eran vibrantes. Cuando veía esas mismas imágenes todos los días, me parecían corrientes, pero después de pasar cincuenta días en la oscuridad total, mi concentración en la vista fue tan fuerte que todo me parecía extraordinariamente vívido. A medida que fueron pasando los días, los fenómenos visuales empezaron a parecerme más tenues, aunque en realidad éstos no habían cambiado, era mi conciencia de ellos lo que había disminuido. Aunque las circunstancias de mi experiencia eran inusuales, ilustran un principio general. Todas nuestras experiencias serán más vívidas si tenemos una mayor intensidad en el enfoque de nuestra conciencia.

En la práctica, también, hay grados en el nivel de concentración. Cuando alguien acaba de comenzar la visualización por la noche, puede haber una fuerte concentración en el tiglé. Cuando el cuerpo se relaja y el sueño llega, la apariencia de la visualización puede debilitarse. Los sentidos están desvaneciéndose y hay un menor sentido del oído, el olfato, el tacto, etc. Este desvanecimiento de los sentidos y la visualización se debe a que el enfoque de la conciencia está perdiendo intensidad y agudeza. Luego es posible que no haya casi ninguna sensación, lo cual es otro nivel de enfoque. Por último, no hay absolutamente ninguna experiencia sensorial y ninguna imagen en la visualización.

Estas distinciones sutiles son difíciles de percibir, pero se hacen evidentes cuando se es más consciente del proceso de quedarse dormido. Incluso después de que las imágenes y los sentidos han desaparecido por completo, se puede mantener la presencia. Con el tiempo, serás capaz de quedarte dormido concentrándote en la *A* y luego permanecer durante toda la noche en la presencia pura que la *A* representa. Cuando lo hagas, incluso los primeros momentos después de despertar por la mañana ocurrirán en la presencia pura.

Probablemente ya habrás tenido la experiencia de mantener un enfoque durante toda la noche. Por ejemplo, cuando te tienes que despertar temprano porque tienes una cita por la mañana, mientras duermes mantienes una cierta conciencia. Supongamos que tienes que despertarte a las cinco de la mañana. La conciencia de la necesidad de despertarte temprano se mantiene aunque no la estés conceptualizando intensamente, aunque no estés pensando en ello. La concentración es muy sutil. Éste es el tipo de enfoque que hay que llevar a la práctica: no una concentración intensa, sino un toque ligero, suave pero constante. Si estás alegre antes de quedarte dormido porque algo maravilloso ha ocurrido en tu vida, cada vez que te despiertas, te despiertas alegre. Es algo continuo a lo largo del sueño; no necesitas aferrarte a eso. Tu conciencia simplemente descansa con ello. Ésta es la forma de estar con el tiglé: duerme con él de la misma manera en que duermes con alegría.

Hay dos maneras distintas de relacionarse con los fenómenos relevantes para la concentración en el tiglé. En una, la mente se aferra a los fenómenos. En la otra, los fenómenos se aparecen en la mente. Aferrarse es la forma más burda de interacción dualista. El objeto es tratado igual que una entidad con una existencia inherente –como si existiera como una entidad individual, definida– y la mente se agarra a ella. Cuando el aferrarse cesa, no significa que la dualidad haya desaparecido: los fenómenos siguen surgiendo en la experiencia y son conceptualizados como entidades independientes, pero la conceptualización es más sutil. Se podría decir que la primera es una conceptualización más agresiva, más activa, y la segunda es más pasiva y más débil. Al ser más débil, también es más fácil de disolver en la rigpa no dual.

Comenzamos la práctica con la forma de dualismo más burda. Conceptualizamos el objeto y desarrollamos una experiencia de él lo más intensa posible usando los sentidos de la imaginación: intenta visualizarlo claramente y, lo que es más importante aún, siéntelo y deja que afecte a las sensaciones del cuerpo y de la energía, y a la cualidad de la mente. Después de haber establecido firmemente el objeto en la conciencia, relaja la concentración. Deja que el objeto aparezca sin esfuerzo, como si la intención, que se mantiene bajo la superficie de la consciencia, atara a la mente al objeto, de la misma manera en que la mente se mantiene conectada a la necesidad de despertar temprano para una cita o a una gran alegría. No hay necesidad de hacer ningún esfuerzo o de concentrarse; el objeto simplemente está ahí y tú estás con él. Ya no lo estás creando, sino que estás permitiendo que exista, observándolo. Esto se asemeja a estar tumbado bajo el cálido sol con los ojos cerrados: sin tener que concentrarte en el hecho de que el sol está «ahí afuera», recibes su calidez y su luz; no estás separado de él. No estás teniendo una experiencia de calidez y de luz, no necesitas tratar de mantener la concentración en ellas, sino que tu experiencia *es* la calidez y la luz, pues te has unificado con ella. Así es como se debe estar con la visualización durante la práctica.

Un problema común en el inicio de la práctica es la alteración del sueño que tiene lugar cuando mantenemos una concentración demasiado intensa. El enfoque debería ser ligero: se trata de «estar con» el tiglé en lugar de forzar a la mente a concentrarse en él. Lo paralelo a esto en el sueño normal es la diferencia entre dejar que las imágenes y los pensamientos fluyan por la mente mientras te vas quedando dormido, y estar intensamente concentrado en un objeto, lo cual produce insomnio. Deja que la experiencia te enseñe; presta atención a lo que funciona y lo que no, y haz ajustes. Si realizar la práctica te mantiene despierto, reduce gradualmente la intensidad de la concentración hasta que puedas dormir.

Concentrarte en el tiglé o la sílaba, tanto si lo haces aferrándote o dejando que aparezca, es sólo el primer paso. La verdadera intención es llegar a estar unificado con el objeto. Pongamos, por ejemplo, la letra *A*. La *A* es el símbolo del estado natural, nonato, inmutable, de la mente. En lugar de enfocarte en ella como si fuera un objeto, es mejor fusionarte con la esencia penetrante que representa. En realidad, esto ocurre todas las noches, porque quedarse dormido es «caer» en la rigpa pura, pero cuando uno se identifica con la burda mente conceptual (que deja de funcionar cuando estamos en un sueño profundo) la experiencia es de inconsciencia en lugar de rigpa. Podemos descubrir a rigpa durante el sueño, aunque ya estaba ahí.

Más allá de dejar que el objeto aparezca en la mente, existe el estado no dual. La mente sigue estando enfocada, pero no hay ninguna identificación con los conceptos y no utilizamos el pensamiento para visualizar el tiglé o la *A*. La mente simplemente está presente en la conciencia sin una división entre sujeto y objeto. Cuando hay una conciencia enfocada pero no hay una persona que se enfoca y un objeto, entonces comprendes realmente la percepción no dual. En el estado no dual, la *A* no está «ahí» y tú no estás «aquí». La imagen puede permanecer o no, pero en cualquier caso, la experiencia no está dividida en sujeto y objeto. Sólo existe la *A* y tú eres la *A*. Ésta es la importancia del hecho de que la *A* clara sea teñida de rojo por la luz de los pétalos: tú debes ser la conciencia pura no dual simbolizada por la *A* y, cuando surge la experiencia, que está simbolizada por el rojo de los pétalos, colorea la *A*, pero la luminosidad de la presencia no dual no se pierde.

Con frecuencia, los practicantes dicen que les cuesta mantener la visualización, o que la visualización interfiere con el sueño. El hecho de comprender esta progresión en la práctica debería clarificar algunas de estas cuestiones. La progresión es verlo, sentirlo y luego serlo. Cuando te unificas completamente con el objeto, es posible que la visualización cese, y eso está bien.

La enseñanza también recomienda este tipo de concentración en el momento de la muerte. Cuando la presencia se mantiene durante la muerte, todo el proceso es muy distinto. Mantener esta presencia es realmente la esencia de la práctica de la transferencia de consciencia en el momento de la muerte (*phowa*). En la práctica, la intención es llevar a la mente directamente al espacio puro de conciencia (*dharmakaya**). Si lo logra, el practicante no experimenta la turbulencia y la distracción de la experiencia posterior a la muerte, sino que es liberado directamente en la luz clara.

Sin la habilidad de permanecer en la presencia pura, nos distraemos y vagamos hacia los sueños, las fantasías, el samsara o la siguiente vida, pero si mantenemos la presencia pura, nos encontramos en la luz clara durante la noche, permanecemos en la naturaleza de la mente durante el día y somos liberados en el bardo después de la muerte.

Para experimentar cómo afectan las visualizaciones a la consciencia, prueba esto: imagina que estás en la oscuridad total, absoluta. No sólo hay oscuridad a tu alrededor, sino también en tu visión, en tu piel, encima y debajo de ti y dentro de cada célula de tu cuerpo. Es casi como si pudieras sentir, oler y saborear la oscuridad.

Ahora imagina que, súbitamente, la oscuridad deja paso a una luz clara y penetrante a tu alrededor y dentro de ti, una luz omnipresente que eres tú.

Ahora deberías ser capaz de sentir la diferencia entre estas dos visualizaciones a través de los sutiles sentidos que iluminan tu mundo interior, no sólo el aspecto visual de la imaginación. En la oscuridad tienes una experiencia, quizás incluso un poco de miedo o algo de ira, pero en la luz hay claridad.

A continuación, te enseñaré otro experimento que tiene como objetivo proporcionarte una experiencia del tipo de concentración que esta práctica requiere. Relaja tu cuerpo. Imagina una *A* roja y luminosa en tu chakra de la garganta. La luz roja es intensa, cálida y sensual. Utiliza tu imaginación para sentir la luz y deja que te calme, te relaje, aquiete tu mente y tu cuerpo, y te sane. La luz se expande, inundando tu chakra de la garganta y luego todo tu cuerpo, y al hacerlo relaja todas las tensiones. Todo lo que toca se funde en la luz roja. Todo tu cuerpo se funde en la luz roja. Deja que la luz impregne tu conciencia de manera que todo lo que veas sea una luz roja luminosa, todo lo que sientas sea una serena luz roja y todo lo que oigas sea una relajante luz roja. No lo pienses; experiméntalo. Deja que tu mente sea luz roja para que no haya un «tú» que perciba un objeto, sólo la luz roja de la consciencia en sí misma. Permite que cualquier cosa que surja como sujeto u objeto se funda en la luz roja. Todo (cuerpo y energía, el mundo y los acontecimientos mentales) se funde hasta que tú estás completamente fusionado con la luz roja. No hay ni «dentro» ni «fuera», sólo luz roja. Así es como uno se fusiona con la *A* y como uno se enfoca por la noche, unificándose con el objeto de la visualización.

La secuencia

Las prácticas deberían hacerse siempre en orden. La primera parte, concentrarse en la *A* en la garganta, se hace cuando uno se va a dormir. Idealmente, la segunda parte se hace dos horas más tarde; la tercera dos horas después de eso, y la cuarta una vez transcurridas dos horas más. Despertar a lo largo de la noche hace que el sueño se mantenga más ligero y sea más fácil realizar el yoga de los sueños. No es necesario dividir la noche en segmentos de exactamente dos horas, aunque puedes usar un despertador si lo deseas; la idea es simplemente trabajar con tres períodos del despertar. Nosotros pensamos en períodos de dos horas porque por lo general la gente suele dormir unas ocho horas. Aunque este programa de despertar favorecerá la claridad, es igualmente importante estar descansado, así que no te preocupes si te pierdes uno de los períodos de práctica y haces sólo tres. O incluso si te pierdes tres y haces sólo uno. Hazlo lo mejor que puedas y no te preocupes si hay algo que no puedas hacer. ¡Éste es un importante secreto de la práctica! Preocuparte no te ayudará. Pero tampoco deberías perder la fuerza de tu intención de mejorar. Simplemente hazlo lo mejor que puedas.

Entonces, ¿qué debes hacer si después de la primera parte te quedas dormido y no logras volver a despertar hasta el amanecer? En ese caso, realiza la segunda parte de la práctica; no la tercera o la cuarta. Nunca te saltes una de las cuatro prácticas principales. Hay coherencia en los resultados de la práctica porque todos los elementos están relacionados: los diferentes chakras, colores, meditaciones, tiempos, elementos, energía y posturas, todos funcionan juntos para producir determinadas experiencias y desarrollar ciertas capacidades en el practicante. Cada etapa de la práctica evoca una determinada cualidad energética de la consciencia que debe ser integrada con la percepción, y cada cualidad favorece el desarrollo de la siguiente. Dado que existe este tipo de desarrollo, es importante que las cuatro sesiones se realicen en orden.

La primera parte de la práctica está imbuida por el aspecto sereno de los sueños. Si sólo realizas parte de la práctica, es mucho más fácil trabajar con este aspecto sereno que hacerlo, por ejemplo, con el aspecto iracundo. Es más fácil permanecer presente en una situación tranquila que en una situación aterradora. Un principio general de la práctica es que trabajamos más frecuentemente con la situación que es más fácil de dominar y luego practicamos con las situaciones más difíciles a medida que vamos avanzando. En este caso, primero desarrollamos la estabilidad en la presencia y luego trabajamos con aspectos más difíciles de la experiencia: incrementar la claridad, desarrollar el poder y luego la imaginación iracunda.

La primera parte de la práctica no se trata tanto de intentar desarrollar algo como de redescubrir la conciencia serena. No se trata tanto de intentar «hacer» como de permitir «ser». Es como si después de haber tenido un día muy ajetreado, llegas a casa y te relajas en unos sueños placenteros. Lleva un poco de tiempo descansar y recuperarte. El chakra utilizado es el de la garganta y está conectado energéticamente con la potencialidad, la expansión y la contracción.

Transcurridas dos horas, te despiertas. Deberías haber tenido un sueño suficientemente profundo para estar descansado y relajado, y esto cambia la actitud y la cualidad de la mente. En la primera sesión de la práctica, se cultivan la estabilidad y la concentración, que son como la base del cuerpo. En la segunda sesión, debes ornamentar el cuerpo para desarrollar la claridad como un ornamento de la presencia estabilizada. Es por eso por lo que la concentración está en el chakra del entrecejo, el cual está conectado con la apertura y con el incremento de la claridad.

Si la estabilidad se desarrolla en la primera sesión y la claridad en la segunda, entonces el poder puede desarrollarse en la tercera. El punto focal es el chakra más central del cuerpo, el chakra del corazón, el cual está relacionado con la fuente de la fuerza. Esto no quiere decir que por el mero hecho de soñar en esta etapa vas a tener poder en el sueño. El poder se desarrolla como resultado de la práctica y de las dos sesiones anteriores. El poder que se cultiva no es un poder rudo, agresivo, sino el poder sobre los pensamientos y las visiones, el poder de estar libre de la reactividad habitual cuando te enfrentas a las apariencias. Como un rey sentado en su trono (el asiento de su poder), tú te sientas en la base de tu poder, en la conciencia pura.

En la cuarta parte de la noche –basada en la estabilidad, la claridad y el poder– se desarrolla la ausencia de miedo. En nuestro interior existen causas para tener sueños aterradores, y, después de haber realizado las tres primeras etapas de la práctica, las llamamos mediante la concentración en el tiglé negro en el chakra secreto, el chakra que está más conectado a los rastros kármicos iracundos. La generación de sueños atemorizantes es, aquí, el resultado de la práctica, y se anima al practicante a continuar teniendo este tipo de sueños, a utilizar la práctica para hacer que incluso los rastros kármicos más atemorizantes se conviertan en el camino. De esta forma, ponemos a prueba nuestro desarrollo en la práctica y fortalecemos aún más la estabilidad, la claridad y el poder que hemos cultivado. Las imágenes aterradoras ya no producen emociones de miedo, sino que son bienvenidas como oportunidades para desarrollarnos en la práctica.

Pero también existe una alternativa: si lo deseas, puedes concentrarte en un solo punto de la práctica hasta que alcances los resultados apropiados. De todos modos, las prácticas deben realizarse en orden, pero en este caso trabajas únicamente con la primera sección de la práctica cada vez que despiertas, repitiéndola muchas veces durante varios días, hasta que tengas experiencia generando sueños serenos y estabilidad en la conciencia. Cuando obtengas algunos logros en la primera parte, puedes trabajar sólo con la segunda (incrementar la claridad) durante tantas noches como sean necesarias para generar sueños que sean de la cualidad de esta sección de la práctica y hasta que haya algún aumento en la claridad durante la noche. Luego realiza la tercera práctica hasta que se manifiesten resultados, y por último la cuarta práctica. Pero no hagas la segunda parte si todavía no has realizado la primera, o la cuarta si no has realizado la tercera. Lo reitero: es importante respetar la secuencia.

Algunas personas se sentirán abrumadas por la aparente complejidad de la práctica, pero nada más aparenta serlo al principio. Cuando uno domina el yoga de los sueños, la práctica se hace cada vez más simple. Cuando la conciencia está estable, no es necesario realizar ninguna de las formas particulares de la práctica. Basta con permanecer en la presencia y los sueños serán naturalmente lúcidos. La práctica sólo aparenta ser compleja porque hay una serie de diferentes elementos que trabajan en armonía para apoyar al practicante. Cuando más apoyo necesitamos es especialmente en el inicio de la práctica. Tómate el tiempo necesario para comprender plenamente cada uno de los elementos de las preparaciones y la práctica, y utilízalos juntos. Cuando estés consistentemente lúcido en tus sueños, podrás experimentar simplificando la práctica.

6

La lucidez

Si alguien nos cuenta que pasó muchos años en un retiro, nos quedamos impresionados, y con razón. Ése es el tipo de esfuerzo que se requiere para alcanzar la iluminación, pero en nuestras ajetreadas vidas, ese tipo de cosas puede parecernos imposible. Quizás nos gustaría realizar un retiro de tres años de duración, pero pensamos que nuestras circunstancias jamás lo permitirán. En realidad, todos tenemos la posibilidad de realizar una práctica así de prolongada. Durante los próximos diez años de vida, pasaremos más de tres años durmiendo. En los sueños normales podemos tener experiencias sumamente agradables, pero también podemos experimentar ira, o celos, o miedo. Es posible que sean experiencias emocionales que necesitamos tener, pero no debemos continuar experimentándolas de una manera que aumente nuestra inclinación natural a apegarnos a las emociones y las fantasías y a dejarnos abrumar por ellas. ¿Por qué, en lugar de eso, no practicamos el camino? Esos tres años de sueño podemos pasarlos realizando las prácticas. Una vez que se instala la lucidez, podemos realizar cualquier práctica en los sueños; algunas más eficazmente y con más éxito que cuando las realizamos durante el día.

El yoga de los sueños desarrolla la capacidad que todos tenemos de soñar lúcidamente. Un sueño lúcido, en este contexto, es un sueño en el que el soñador es consciente, durante el sueño, de que está soñando. Muchas personas, quizás la mayoría, han tenido al menos una experiencia de soñar lúcidamente. Quizás se trató de una pesadilla en la que nos dimos cuenta de que estábamos soñando y despertamos para escapar de ella. O quizás fuera simplemente una experiencia inusual. Algunas personas tienen sueños lúcidos con regularidad sin que haya una intención consciente de tenerlos. Cuando las prácticas preliminares y principales son integradas en la vida del practicante, los sueños lúcidos comienzan a ocurrir con una frecuencia cada vez mayor. Soñar lúcidamente no es el objetivo de la práctica, pero es un desarrollo importante en el camino de este yoga.

Existen muchos niveles distintos del soñar lúcido. En el nivel superficial, uno puede darse cuenta de que está soñando, pero tiene poca claridad y ningún poder para afectar al sueño. La lucidez se encuentra y luego se pierde, y la lógica del sueño prevalece por encima de la intención consciente del soñador. Al otro lado del espectro, los sueños lúcidos pueden ser extraordinariamente vívidos y aparentemente «más reales» que la experiencia normal de vigilia. Con la experiencia, se desarrolla una mayor libertad en los sueños y se superan las fronteras de la mente hasta que uno puede hacer literalmente cualquier cosa que se le ocurra.

Obviamente, los sueños no tienen lugar en la misma dimensión que la realidad de la vida de vigilia. Comprar un automóvil nuevo en un sueño no significa que no tendrás que tomar el autobús para ir a trabajar por la mañana. En ese sentido, podemos encontrar que los sueños son insatisfactorios, pues sentimos que no son «reales». No obstante, si en un sueño realizamos tareas psicológicas que estaban incompletas, o superamos dificultades energéticas, los efectos pueden extenderse hasta la vida de vigilia. Pero lo que es más importante es que en los sueños, las limitaciones de la mente pueden ser desafiadas y superadas. Y cuando esto se logra, desarrollamos la flexibilidad de la mente, que es sumamente importante.

¿Por qué es tan importante la flexibilidad de la mente? Porque la rigidez mental –las limitaciones de los puntos de vista erróneos que ocultan la sabiduría y restringen la experiencia– nos mantiene atrapados en identidades ilusorias y no nos permite hallar la libertad. A lo largo de este libro enfatizo en cómo la ignorancia, la avidez y la aversión nos condicionan y nos mantienen atrapados en tendencias kármicas negativas. Para progresar en el camino espiritual, debemos reducir la avidez y la aversión hasta que seamos capaces de introducirnos en la ignorancia desde su base y descubrir la sabiduría que hay detrás de ella. La flexibilidad de la mente es una capacidad que, cuando se desarrolla, nos permite superar la avidez y la aversión. Nos deja ver las cosas de otra manera y responder de modo positivo en lugar de estar impulsados ciegamente por las reacciones habituales.

Diferentes personas que se encuentran en una misma situación reaccionan de una manera distinta. Algunas se aferran más y otras menos. Cuanto más apego haya (una mayor reacción por el condicionamiento kármico), más nos controlarán las experiencias que nos encontremos. Con suficiente flexibilidad, no estamos impulsados por el karma. Un espejo no escoge lo que va a reflejar; todo es bienvenido para ir y venir en su naturaleza pura. En este sentido, el espejo es flexible, y lo es porque no se aferra y tampoco rechaza. No intenta aferrarse a un reflejo ni se niega a permitir otro. Nosotros carecemos de esta flexibilidad porque no entendemos que cualquier cosa que se presente en la conciencia no es más que un reflejo de nuestra propia mente.

En los sueños lúcidos, practicamos transformar cualquier cosa con la que nos encontremos. No hay barreras en la experiencia que no puedan ser superadas en un sueño; podemos hacer cualquier cosa que se nos ocurra. Cuando traspasamos las limitaciones habituales de la experiencia, la mente se torna cada vez más adaptable y flexible. Primero desarrollamos la lucidez y posteriormente la flexibilidad, y luego aplicamos esa flexibilidad de la mente a todos los aspectos de nuestra vida. Estamos menos inhibidos por nuestras identidades habituales cuando tenemos la experiencia de haberlas transformado y soltado. Estamos menos limitados por nuestras percepciones habituales cuando tenemos la experiencia de su relatividad y maleabilidad.

De la misma manera en que en los sueños las imágenes oníricas pueden transformarse, también los estados y las limitaciones conceptuales pueden ser transformados en la vida de vigilia. Cuando conocemos la naturaleza onírica y maleable de la experiencia, podemos transformar la depresión en felicidad, el miedo en valentía, la ira en amor, la desesperanza en fe y la distracción en presencia. Podemos volver saludable aquello que no es saludable. Lo que es oscuro puede ser convertido en luz. Lo que es restringido y sólido, podemos convertirlo en abierto y espacioso. Desafía los límites que te restringen. El propósito de estas prácticas es integrar la lucidez y la flexibilidad en cada momento de la vida y dejar ir la forma altamente condicionada que tenemos de ordenar la realidad, de crear significado y de estar atrapados en la ilusión.

Desarrollar la flexibilidad

Las enseñanzas pueden sugerir muchas cosas que podemos hacer en los sueños una vez que hemos desarrollado la lucidez. El primer paso para desarrollar la flexibilidad en los sueños, así como en la vida de vigilia, es reconocer el potencial para hacerlo. Cuando pensamos en las posibilidades que las enseñanzas nos sugieren, la mente las incorpora en su potencial. Entonces somos capaces de tener experiencias que antes no habíamos podido siquiera imaginar.

Tengo un ordenador portátil y suelo divertirme mucho explorándolo. Si hago clic en uno de los íconos en la pantalla, se abre un archivo. Hago clic en otro y aparece otra cosa. La mente es igual. La atención se dirige a algo y es como hacer clic en un icono: súbitamente aparece un flujo de ideas e imágenes. La mente está siempre haciendo clic, yendo de una cosa a otra. En ocasiones tenemos dos ventanas abiertas, como cuando estamos hablando con alguien y al mismo tiempo estamos pensando en otra cosa. Aunque normalmente no consideramos que esto es tener múltiples personalidades o identidades, podemos manifestarlas en un sueño. En lugar de simplemente tener la atención dividida, en los sueños podemos dividirnos en diferentes cuerpos oníricos que existen simultáneamente.

Un día, después de haber estado jugando con mi ordenador, soñé que estaba mirando una pantalla en la que aparecían iconos en los que yo podía hacer clic con la mente, cambiando todo el entorno. Se mostraba un icono de un bosque y cuando le daba clic, me encontraba en un bosque. Luego aparecía un ícono del mar y después de darle clic, estaba repentinamente en un lugar donde había un mar. La capacidad de hacer esto ya estaba en mi mente, pero la forma en que surgió como una posibilidad para la experiencia fue consecuencia de mi interacción con mi ordenador. Nuestros pensamientos y experiencias influyen en nuevos pensamientos y experiencias. La práctica de los sueños funciona con este hecho. Las enseñanzas nos presentan nuevas ideas, nuevas posibilidades y las herramientas para realizar todas esas posibilidades, y luego depende de nosotros manifestarlas en los sueños y en la vida real.

Las enseñanzas hablan, por ejemplo, de multiplicar cosas en los sueños. Quizás soñamos con tres flores, y dado que somos conscientes de que estamos en un sueño y que los sueños son flexibles, podemos crear un centenar de flores, o un millar de flores, o una lluvia de flores si así lo deseamos. Pero primero tenemos que reconocer esa posibilidad. Si no sabemos que este tipo de multiplicación de objetos es una opción, entonces para nosotros esa opción no existe.

Los estudios con sueños realizados en Occidente han revelado que las personas pueden mejorar sus habilidades practicándolas en los sueños y también soñando despiertas. Este conocimiento fue incorporado a las enseñanzas tibetanas hace siglos. Utilizando los sueños, podemos reducir lo negativo e incrementar lo positivo cambiando nuestra forma habitual de estar en el mundo. Y esto no tiene que dirigirse únicamente a las habilidades que nos ayudan en la vida cotidiana, sino que también puede aplicarse a los niveles más profundos de la vida espiritual. Aspira siempre a la meta más elevada, más inclusiva, pues eso automáticamente se hará cargo de las metas menores. Aunque es bueno trabajar con los asuntos relativos, después de la iluminación ya no existen los problemas.

El *Tantra Madre* enumera once categorías de la experiencia en las cuales la mente suele estar limitada por las apariencias, y todas ellas deben ser reconocidas, desafiadas y transformadas. El principio es el mismo en todas, pero es beneficioso dedicar tiempo a pensar en cada una de ellas para introducir a tu mente las posibilidades de transformación. Estas categorías son: tamaño, cantidad, cualidad, velocidad, logros, transformación, emanación, viaje, ver, encontrar y experiencias.

Tamaño. Rara vez pensamos en el tamaño en nuestros sueños, pero sí que lo hacemos en nuestra vida de vigilia. El tamaño tiene dos aspectos: más pequeño y más grande. Cambia tu tamaño en un sueño, hazte tan pequeño como un insecto y luego tan grande como una montaña. Toma el problema grande y hazlo pequeño. Toma una flor pequeña y hermosa y haz que sea tan grande como el sol.

Cantidad. Si en tu sueño hay un buda, aumenta el número a cien o a mil. Y si hay mil problemas, conviértelos en uno solo. En la práctica de los sueños, puedes quemar las semillas del karma incipiente. Utilizando la conciencia, conduce al sueño en lugar de dejar que él te conduzca; sueña y no permitas ser soñado.

Cualidad. Cuando las personas se quedan atrapadas en una experiencia poco saludable, suele ser porque no saben cómo cambiarla. Debes pensar en la posibilidad de cambio y luego practicarlo en el sueño. Cuando estés enojado en un sueño, cambia esa emoción por el amor. Puedes cambiar las cualidades de miedo, celos, ira, codicia, desesperanza incesante y aburrimiento. Ninguna de ellas es beneficiosa. Dite a ti mismo que pueden ser superadas mediante la transformación. Incluso puedes decirlo en voz alta para fortalecer tu conocimiento. Una vez que has tenido la experiencia de cambiar una emoción en un sueño, puedes hacerlo también en la vida de vigilia. Eso es desarrollar la libertad y la flexibilidad; no tienes que quedarte atrapado por tu condicionamiento anterior.

Velocidad. En tan sólo unos segundos de un sueño, se pueden lograr muchas cosas, porque estás enteramente en la mente. Reduce la velocidad de una experiencia hasta que cada momento sea todo un mundo. Visita cien lugares en un minuto. Los únicos límites en un sueño son los límites de tu imaginación.

Logros. Cualquier cosa que no hayas sido capaz de lograr en tu vida, puedes lograrla en los sueños. Hacer las prácticas, escribir un libro, atravesar el océano a nado o acabar aquello que necesitas acabar.

Un año después de morir, mi madre se me apareció en un sueño y me pidió ayuda. Cuando le pregunté qué podía hacer por ella, me entregó un dibujo de una estupa y me pidió que la construyera para ella. Yo sabía que estaba soñando, pero acepté la tarea como si fuera real. En aquella época me encontraba en Italia, donde había muchas restricciones para la construcción y muchas leyes de zonificación. No sabía cómo obtener los permisos, el dinero y el terreno que necesitaba, de modo que pensé en pedírselo a mis guardianes. Esto es lo que el *Tantra Madre* recomienda: cuando te enfrentes a una tarea que no puedes realizar, pide ayuda a los guardianes de los sueños.

Los guardianes aparecieron en respuesta a mi solicitud de ayuda. Un gigantesco árbol de Bodhi apareció en el sueño y, repentinamente, los guardianes lo convirtieron en una estupa. En nuestra cultura creemos que construir una estupa para alguien que ha fallecido ayuda a esa persona a pasar a su siguiente nacimiento. En el sueño mi madre estaba feliz y satisfecha, igual que yo. Sentí que le había dado algo importante, cosa que quizás no había ocurrido en casa, en la India, cuando ella murió. Ahora lo había hecho y mi madre y yo estábamos felices, y luego llevé ese sentimiento a mi vida de vigilia.

Los logros en los sueños influyen en la vida cotidiana. Al trabajar con la experiencia, estás trabajando con los rastros kármicos. Utiliza los sueños para realizar aquello que es importante para ti.

Transformación. La transformación es sumamente importante para los practicantes del tantra, ya que es el principio que subyace a la práctica tántrica, pero también es importante para todos nosotros. Aprende a transformarte. Pruébalo todo. Transfórmate en un pájaro, un perro, un garuda, un león o un dragón. Deja de ser una persona enojada y transfórmate en una persona compasiva; deja de ser un ser humano codicioso y celoso y transfórmate en un buda abierto y claro. Transfórmate en el yidam y en la dakini. Esto es muy poderoso para desarrollar la flexibilidad y superar las limitaciones de tus identidades habituales.

Emanación. Esto es similar a la transformación. Después de haberte transformado en un yidam o un buda, emana muchos más cuerpos que puedan ser beneficiosos para otros seres. Prueba a estar en dos cuerpos, después en tres, cuatro, y todos los que puedas, y luego más. Supera la limitación de experimentarte como un ego único e individual.

Viaje. Comienza yendo a lugares que deseas visitar. ¿Quieres ir al Tíbet? Haz un viaje hasta ahí. ¿A París? Ve. ¿Dónde has querido ir siempre?

Aquí no se trata simplemente de llegar a un lugar; lo importante es el viaje. Debes guiarte conscientemente hasta ese sitio. Puedes viajar a otro país o a una tierra pura en la que no hay corrupción. O viajar a otro planeta, o a un lugar que no has visitado en muchos años, o al fondo del mar.

Ver. Intenta ver aquello que no has visto nunca antes. ¿Alguna vez has visto a Guru Rinpoche? ¿A Tapihritsa? ¿A Cristo? Ahora puedes hacerlo. ¿Has visto Shambhala o el centro del sol? ¿Has visto células dividiéndose, o tu corazón latiendo, o la cima del Everest, o la visión desde los ojos de una abeja? Genera ideas y luego hazlas realidad en tus sueños.

Encuentro. En la tradición tibetana existen muchas historias de personas que se encuentran en sus sueños con maestros, guardianes, dakinis y demás. Quizás sientas una conexión con maestros del pasado; ahora puedes conocerlos. Cuando lo hagas, pregúntales inmediatamente si puedes verlos una segunda vez. Esto crea más oportunidades para volver a encontrarte con ellos. Luego solicita las enseñanzas.

Experiencia. Utiliza los sueños para experimentar algo que aún no has experimentado. Si no estás seguro de tu experiencia de rigpa, entonces tenla en el sueño. Puedes experimentar cualquier estado místico o cualquier experiencia del camino, compleja o simple. Puedes respirar en el agua como un pez, o atravesar paredes, o convertirte en una nube. Puedes viajar por el universo como un rayo de luz o caer del cielo como la lluvia. Puedes hacer cualquier cosa que se te ocurra.

Puedes ir más allá de los límites de las categorías mencionadas arriba, ya que sólo son sugerencias. Normalmente trabajamos con los patrones de nuestra experiencia (como velocidad, tamaño, emanación, etc.) porque nos quedamos atascados creyendo en la realidad de estos conceptos relativos. Eliminar las fronteras de la mente nos conduce a la libertad que es la base de la mente. Si sueñas con un fuego amenazador, conviértete en la llama; si sueñas con una inundación, conviértete en agua. Si un demonio te persigue, transfórmate en un demonio más grande. Conviértete en una montaña, en un leopardo o en una secuoya. Conviértete en una estrella o en un bosque entero. Si eres un hombre, transfórmate en una mujer y luego en cien mujeres. O si eres una mujer, conviértete en una diosa. Transfórmate en un animal, en un halcón que vuela alto o en una araña que teje una telaraña. Transfórmate en un bodhisatva y manifiéstate en un centenar de lugares al mismo tiempo, o en los treinta y tres infiernos, para beneficiar a los seres que se encuentran ahí. Conviértete en Siamuhka, en Padmasambhava o en cualquier otra deidad, o yidam, o dakini. Esta práctica es igual a aquellas prácticas tánricas en las que te transformas. Tiene los mismos objetivos y motivos, pero es mucho más fácil de realizar en un sueño, y realmente te transformas. En los sueños puedes tener infinitas experiencias de transformación.

Viaja a cualquier lugar al que siempre has querido ir: al monte Meru, al centro de la Tierra, a otros planetas, a otros reinos. Prácticamente todas las noches yo regreso a la India; es una forma muy económica de viajar. Ve a los reinos de los dioses. Viaja por el infierno, por el reino de los demonios. Sólo es una idea: no vas a estar realmente ahí, pero estarás relajando las restricciones que limitan tu mente.

Participa en las prácticas y las pujas de los dioses y las diosas. Encuéntrate con las cinco familias budistas. Vuela a través del suelo. Viaja dentro de tu propio cuerpo. Hazte tan grande como la tierra, o incluso más grande. O tan pequeño como un átomo, tan delgado como un bambú o tan ligero como el polen flotante.

El principio de desarrollar la flexibilidad es más importante que los detalles de un sueño, de la misma manera en que la cualidad luminosa de un cristal es más importante que el color de la luz que refleja. Las sugerencias de las enseñanzas no deberían convertirse en más límites. Piensa en nuevas posibilidades y manifiéstalas hasta que puedas ver inmediatamente que cualquier cosa que parece limitar tu experiencia es frágil y no te afecta. La lucidez trae más luz a la mente conceptual, y ejercitar la flexibilidad afloja los nudos de condicionamiento que la restringen. Dado que estamos condicionados por las entidades aparentemente sólidas con las que nos encontramos, éstas deberían ser transformadas en nuestra experiencia y tornarse luminosas y transparentes.

Como estamos condicionados por la aparente solidez de los pensamientos, éstos deberían disolverse en la ilimitada libertad de la mente.

Existe un principio básico para el camino espiritual que deberíamos continuar ejercitando incluso en la libertad de los sueños. Las posibilidades en los sueños son ilimitadas; podemos realizar todos los cambios que deseemos en un sueño, pero es importante que éstos sean siempre hacia lo positivo. Ésa es la dirección que beneficiará más a nuestro camino espiritual. Las acciones que realizamos en un sueño tienen un efecto en nosotros de forma interna, exactamente igual que las acciones que realizamos durante el día. Hay una gran libertad en los sueños, pero no estaremos libres de la causa y efecto kármica hasta que nos liberemos de la dualidad. Debemos tener paciencia y una firme intención para desarrollar la flexibilidad necesaria para acabar con los dictados del karma negativo.

Trabaja en las fronteras de la experiencia, las restricciones del condicionamiento y las creencias limitadoras. La mente es asombrosa y puede hacerlo. Tu identidad es más flexible de lo que imaginas. Simplemente tienes que ser consciente de la posibilidad de cambiar la experiencia y la identidad, y entonces es una posibilidad real. Si crees que no puedes hacer algo, normalmente no puedes hacerlo. Esto es algo muy sencillo, pero también de suma importancia. En cuanto dices que puedes hacer algo, ya has comenzado a hacerlo.

Trata a tus sueños con respeto e incorpora al camino todas las experiencias que encuentres en ellos, igual que lo haces en tu vida de vigilia. Utilizar los sueños para liberarte de las limitaciones, para superar obstáculos en tu camino y, por último, para reconocer tu verdadera naturaleza y la verdadera naturaleza de todos los fenómenos es utilizar los sueños sabiamente.

7

Los obstáculos

El *Tantra Madre* describe los cuatro obstáculos que podemos encontrar en el yoga de los sueños: la distracción en una fantasía elusiva, la flojera, la intranquilidad que se produce al despertar y el olvido. Y nos recomienda unos remedios, tanto internos como externos.

La ilusión

La distracción a través de la ilusión ocurre cuando un sonido o una imagen, externa o interna, capta nuestra atención. Podría ser un sonido que proviene del exterior cuando el practicante se está quedando dormido. La mente se mueve en esa dirección y entonces, por asociación, puede surgir un recuerdo o una fantasía y el practicante se ve envuelto en ello con la correspondiente reacción emocional. O el sonido puede despertar su curiosidad y el practicante se pierde en la especulación. Esto es una ilusión, porque nos quedamos atrapados en la persecución de cosas que en realidad no existen como creemos que existen.

El antídoto interior es concentrarnos en el canal central. ¿Qué se siente? Pruébalo. Descubrirás que te sientes centrado y presente, que sales de la fantasía y regresas a ti. Algo que ayuda es quedarnos dormidos estando conscientes del canal central. Cuando hagas esto, no te compliques. A veces somos tan intensos en las prácticas que hacemos que sean innecesariamente complejas. Tan sólo siente el canal central; esto impedirá que la mente divague. También es beneficioso meditar sobre la impermanencia y la naturaleza ilusoria de nuestra experiencia dualista, ya que estas contemplaciones fortalecerán la intención de permanecer enfocados y evitar perdernos en la fantasía. El antídoto externo es hacer una ofrenda o realizar prácticas devocionales como el yoga del gurú.

La flojera

El segundo obstáculo es la flojera. Ésta se manifiesta como una pereza interior, como una falta de fuerza interior y de claridad. Cuando eres laxo en la práctica, vas a la deriva, estás disperso y quizás cómodo, incluso cuando te concentras en el objeto de tu atención. Este obstáculo es distinto al primero, en el cual tu atención persigue una distracción. En este caso hay una falta de agudeza interior.

El antídoto para la flojera es visualizar un humo azul que asciende lentamente por el canal central desde la unión de los tres canales (unos centímetros debajo del ombligo y en el centro del cuerpo) hasta la garganta. No te obsesiones pensando en la física: a dónde va el humo y si se acumula y cosas por el estilo. Simplemente visualiza el humo ascendiendo despacio por el canal central, como si ya fuera un sueño. Aparte de esto, puedes visitar a tu maestro o sanador y pedirle que haga una especie de exorcismo. El *Tantra Madre* sugiere que cuando hay flojera es posible que uno esté teniendo un problema con un espíritu o con una fuerza en su entorno, aunque ciertamente ésa no es la única manera de entender la dificultad.

La distracción

El tercer obstáculo es la distracción. Te despiertas una y otra vez y cuando duermes, estás intranquilo. La causa de esto podría ser un problema con el prana, o quizás que estás excitado o agitado. El antídoto consiste en concentrarte en cuatro dakinis en la forma de cuatro sílabas que descansan en los cuatro pétalos de la flor de loto en el chakra de la garganta.

Las sílabas son *RA*, que es amarilla y está colocada hacia la parte delantera de tu cuerpo; *LA*, que es verde y se encuentra hacia tu izquierda; *SHA*, que se ubica en la parte posterior y es roja; y *SA*, que está hacia la derecha y es azul. Si hay un problema de distracción e intranquilidad, concéntrate en las sílabas, una por una, hasta que te quedes dormido. Intenta sentir la presencia de las dakinis protectoras en todas las direcciones. Externamente, puede ser beneficioso realizar la práctica de chöd, un ritual en el que hay que hacer ofrendas a los espíritus. Determina, también, si has roto compromisos (*samaya**) que puedes haber tenido en relación con la enseñanza o con tu profesor. Las relaciones desequilibradas con amigos o conocidos también pueden provocar esa intranquilidad. En este caso, la autoconfesión puede ser beneficiosa.

Para hacerlo, visualiza a tu maestro como en el yoga del gurú y confiésale lo que está ocurriendo. Examina esto, no con culpa o vergüenza o cualquier otro sentimiento negativo, sino con conciencia. Si hiciste algo que no estuvo bien, decide que no vas a volver a hacerlo. Quizás haya también alguna otra acción que debas hacer, como hablar con el amigo o la amiga con quien tienes el problema. Puedes decidir tomar esa acción.

El olvido

El cuarto obstáculo es el olvido: olvidar tus sueños y olvidarte de realizar la práctica. Incluso si tienes experiencias útiles, es posible que las olvides. En este caso podría ser beneficioso realizar un retiro personal, ya que te proporcionará una mayor claridad mental. Además, equilibrar el prana utilizando la respiración puede calmar y estabilizar la conciencia. El *Tantra Madre* recomienda la práctica nocturna de la primera práctica principal descrita anteriormente: concentrarte en la sílaba *A* roja en la garganta. Mantén el enfoque en la *A* mientras te vas quedando dormido y esto te ayudará a recordar.

Los cuatro obstáculos según Shardza Rinpoche

Shardza Rinpoche escribe también acerca de los cuatro obstáculos, pero los categoriza de otra manera: los problemas con el prana, la mente, los espíritus locales y la enfermedad. Estos obstáculos pueden impedirte tener sueños o recordarlos, y también pueden crear problemas en el sueño mismo.

Si padeces algún problema con el prana, la energía del cuerpo se bloquea o no puede circular de una forma fluida. La mente y el prana están conectados; si el prana está alterado, la mente también lo estará. En este caso, cualquier cosa que te ayude a relajarte antes de dormir, como un masaje o un baño caliente, será beneficiosa. Intenta también mantenerte lo más tranquilo y relajado posible durante el día.

Es posible que la mente esté demasiado ocupada para dejarte dormir. En ocasiones, después de un día ajetreado, por ejemplo, es difícil dejar de pensar; la mente está dispersa por los problemas o por asuntos emocionantes y está tensa por la intensidad o la ansiedad. Si te resulta difícil serenar la mente, a veces es beneficioso hacer un poco de ejercicio físico necesario para cansar al cuerpo, o incluso agotarlo. Meditar sobre el vacío también puede despejar la mente. Como dije antes, hacer cualquier cosa que sea necesaria para relajarte es de gran ayuda.

Una perturbación con los espíritus locales puede provocar un sueño alterado y poco descansado. Ya sé que muchos occidentales no creen en estas cosas (que los espíritus locales son realmente la energía del lugar o la sensación del ambiente), y en cierto sentido tienen razón. Pero los tibetanos creen que realmente hay espíritus, seres que viven en un lugar, y si uno hace algo que interfiere energéticamente con ellos, pueden afectarlo. Provocar a los espíritus locales puede tener como consecuencia unos sueños terribles, o la incapacidad de recordar lo soñado, o una intranquilidad que no nos deja dormir.

En esa situación, lo primero que debemos hacer es tomar conciencia de la naturaleza del problema. Para los tibetanos existen varios remedios para este tipo de alteración. Con frecuencia acuden a un chamán y piden una adivinación para conocer la fuente del problema y la acción apropiada que deben realizar. O pueden realizar la práctica de chöd, haciendo ofrendas a los espíritus. O visitan al maestro y le piden ayuda, la cual puede ser dada en la forma de un exorcismo, un ritual que rompe el vínculo de la persona con el espíritu. Si el maestro hace esto, normalmente pedirá que el practicante le entregue algo que le pertenezca, como unos cabellos o una prenda de vestir, y la quemará en un fuego ritual. Los tibetanos tienen muchos remedios de este tipo, pero sólo son beneficiosos si entiendes el problema y crees que los espíritus te están provocando para que des los pasos necesarios para arreglar la situación. Si tienes una experiencia de este tipo con espíritus, ofréceles tu compasión. Si no crees en estas cosas pero eres sensible a la energía del lugar, corrígela quemando incienso y generando compasión. Y si tampoco crees en eso, genera compasión para cambiar la atmósfera interior de tu mente y tus emociones.

El cuarto obstáculo es la enfermedad, y la enseñanza recomienda, lógicamente, que visites a tu médico.

No hay ningún obstáculo que puedas encontrar que no haya sido hallado y superado por otras personas antes que tú, así que no te desanimes. Apóyate en las enseñanzas y en tu maestro para descubrir los remedios que existen en las enseñanzas y que sólo deben ser aprendidos y aplicados.

8

Controlar y respetar los sueños

Algunas escuelas de la psicología occidental creen que es perjudicial controlar los sueños, que los sueños son una función reguladora del inconsciente o una forma de comunicación entre partes de nosotros mismos que no debería ser alterada. Esta visión sugiere que el inconsciente existe y que es un depósito de experiencias y significado. Se cree que el inconsciente da forma al sueño e introduce en él un significado que será explícito y evidente, o será latente y debe ser interpretado. En este contexto, suele pensarse que el yo está compuesto de los aspectos inconscientes y conscientes de la persona, y que los sueños son el medio de comunicación necesario entre ellos. El yo consciente, por lo tanto, puede beneficiarse del trabajo con los sueños, buscando en ellos el significado y la visión que el inconsciente ha colocado ahí. O podría beneficiarse de la catarsis del sueño o del equilibrio de los procesos fisiológicos a través de la actividad de la creación de sueños.

Comprender el vacío cambia radicalmente nuestra comprensión del proceso del soñar. Estas tres entidades (el inconsciente, el significado y el yo consciente) son entidades que existen únicamente cuando se confiere realidad a aquello que en sí mismo no la tiene. Es importante entender lo que se está diciendo aquí. La preocupación de que la injerencia de la mente consciente en el inconsciente es perjudicial para los procesos naturales tiene sentido si das por hecho que los elementos de la situación son elementos diferenciados de la persona que trabajan cooperando unos con otros. Pero esta visión entiende únicamente una dimensión de la dinámica interna de la persona, a menudo en detrimento de una identidad más expansiva.

Como dijimos anteriormente, existen dos niveles en el trabajo con los sueños. Uno de ellos incluye hallar un significado en el sueño, lo cual es bueno, y ése es el nivel de la mayor parte de las psicologías occidentales que otorgan un valor a los sueños. Tanto en Oriente como en Occidente, se entiende que los sueños pueden ser una fuente de creatividad, de solución a los problemas, de diagnóstico de enfermedades, etc. Pero el significado de un sueño no es inherente a él, sino que es proyectado al sueño por la persona que lo está examinando y luego es «interpretado» desde el sueño. Este proceso es similar al de describir las imágenes que aparecen en las manchas de tinta en los tests utilizados por algunos psicólogos. El significado no existe independientemente; no existe hasta que alguien empieza a buscarlo. Nuestro error es que, en lugar de ver la verdad de la situación, empezamos a pensar que realmente hay un inconsciente, algo, y que el sueño es real, como un manuscrito con un mensaje secreto que está escrito en él en código y que si se descifra, puede ser leído por cualquiera.

Necesitamos tener una comprensión más profunda de lo que es el sueño, de lo que es la experiencia, para intentar utilizarlo como una aproximación a la iluminación. Cuando practicamos profundamente, surgen muchos sueños maravillosos, ricos en señales de progreso, pero básicamente el significado de un sueño no es importante. Es mejor no considerar que los sueños son como un mensaje que proviene de otra entidad, ni siquiera de esa parte de ti que no conoces. No hay ningún significado convencional fuera de la dualidad de samsara. Esta visión no implica ceder al caos: tampoco hay ningún caos o sinsentido, pues no son más que conceptos. Puede sonar extraño, pero para que la mente pueda encontrar la liberación absoluta, debemos abandonar esta idea del significado. Y hacer esto es el propósito esencial de la práctica de los sueños.

Nosotros no ignoramos el uso del significado en los sueños, pero es bueno reconocer que también hay sueño en el significado. ¿Por qué esperar grandes mensajes de un sueño? En lugar de eso, penetra en lo que está debajo del significado, la base pura de la experiencia. Ésta es la práctica de los sueños más elevada (no psicológica, sino más espiritual), que se ocupa de reconocer y tomar consciencia del fundamento de la experiencia, lo no condicionado. Cuando progresas hasta llegar a este punto, ya no te afecta si hay o no hay un significado en los sueños. Tú ya estás completo, tu experiencia está completa, y estás libre del condicionamiento que surge de las interacciones dualistas con las proyecciones de tu propia mente.

La mayor parte de la práctica de los sueños se realiza mientras el practicante está despierto para poder influir en el sueño. No se trata de controlar directamente el sueño. El aspecto de controlar directamente el sueño, que puede interesar a muchas personas, ocurre durante el sueño lúcido. Multiplicarte en un sueño es un ejemplo de esto, ya que es una transformación o creación de las entidades oníricas. La enseñanza dice que hacer esto es muy bueno, ya que la capacidad de hacer este tipo de cosas significa quc uno está desarrollando la flexibilidad de la mente. Además, hay que llevar el mismo tipo de flexibilidad y control a la vida de vigilia; no para poder volar, sino para comprender la naturaleza de la experiencia y la libertad inherente en dicha comprensión. En lugar de ser controlado por tus sentimientos, puedes cambiarte a ti mismo y cambiar la historia que te cuentas acerca de ti, y hacer lo que es realmente importante en lugar de quedarte atascado en una pesadilla, o en un sueño que está cambiando constantemente, o incluso en una fantasía agradable.

Esto no es distinto a la vida de vigilia. Los rastros kármicos provocan sueños y nuestras reacciones a las experiencias crean más rastros kármicos. Durante un sueño, estas dinámicas continúan estando vigentes. Queremos controlar nuestros sueños en lugar de ser controlados por ellos, de la misma manera en que durante el día preferimos no ser controlados por los pensamientos o las emociones, sino responder a las situaciones completamente desde nuestra conciencia.

Queremos influir en nuestros sueños. Queremos que sean más claros y que estén más integrados con nuestra práctica, y también deberíamos desear esas cualidades para cada momento de nuestras vidas. Aquí no existe el peligro de alterar algo importante. Lo único que alteramos es nuestra ignorancia.

9

Prácticas sencillas

La realización de los yogas de los sueños y del dormir depende de la fe, la intención, el compromiso y la paciencia de la persona. No existe ninguna práctica que logre la realización con los esfuerzos de una sola noche. La maduración espiritual toma tiempo y vivimos nuestras vidas cotidianas dentro del tiempo. Cuando luchamos contra el tiempo, perdemos, pero cuando sabemos cómo estar en él, la práctica se desarrolla espontáneamente por sí sola.

La totalidad del yoga de los sueños puede parecer demasiado compleja y requerir demasiado para llegar a ser una realidad en tu vida. Pero es mucho lo que podemos hacer, añadiendo un poco aquí y ahí, integrándolo a nuestra vida hasta que gradualmente nuestra vida entera se va convirtiendo en una práctica. Éstas son cosas que cualquiera puede hacer y que conducirán al éxito con el yoga de los sueños.

La mente de vigilia

La parte del día en la que estamos despiertos dura aproximadamente dieciséis horas y entonces la mente está ocupada todo el tiempo. Con frecuencia, nos parece que no tenemos suficiente tiempo, y el poco tiempo del que disponemos lo pasamos en la distracción y en experiencias difíciles. El mundo moderno parece estar continuamente exigiendo cosas: que nos ocupemos de nuestro trabajo y de la familia, que veamos películas, que contemplemos los escaparates de las tiendas, que esperemos en el tráfico, que hablemos con nuestros amigos, etc. Mil cosas que captan nuestra atención y se la llevan, hasta que el día se convierte en algo borroso que conduce al agotamiento y a las ansias de hallar más distracciones que nos ofrezcan un escape. Minuto a minuto, nos alejamos de nosotros mismos. Esta forma de vida no es beneficiosa para ninguna práctica, incluido el yoga de los sueños. Por lo tanto, es necesario cultivar hábitos sencillos y regulares para reconectar con nosotros mismos, para estar más presentes.

Cada respiración puede ser una práctica. Al inspirar, imagina que estás absorbiendo unas energías puras, depuradoras y relajantes. Con cada expiración, imagina que estás expulsando todos los obstáculos, el estrés y las emociones negativas. Esto no es algo que requiera estar en un determinado lugar para sentarnos. Puedes hacerlo en el coche de camino al trabajo, o mientras esperas a que cambie el semáforo, o sentado delante de tu ordenador, o mientras cocinas o limpias la casa o caminas.

Una práctica sencilla pero muy poderosa es intentar mantener la presencia en el cuerpo continuamente a lo largo del día. Siente tu cuerpo como una totalidad. La mente es peor que un mono enloquecido que salta de un lado a otro; le cuesta concentrarse en una sola cosa. Pero el cuerpo es una fuente de experiencia más estable y constante, y utilizarlo como un ancla para la conciencia ayudará a que la mente se serene y se enfoque. De la misma manera en que la participación de la mente es esencial para organizar y sustentar los aspectos físicos de la vida, también la mente necesita al cuerpo para estabilizase en la presencia serena, lo cual es sumamente importante para todas las prácticas.

Cuando caminas en un parque, por ejemplo, el cuerpo puede estar ahí mientras la mente está trabajando en la oficina, o en casa, o hablando con un amigo que está lejos, o haciendo la lista de la compra. Esto significa que la mente se ha desconectado del cuerpo. En lugar de hacer eso, cuando contemples una flor, mírala de verdad. Debes estar completamente presente. Con la ayuda de la flor, haz que la mente regrese al parque. El aprecio de las experiencias sensoriales vuelve a conectar a la mente con el cuerpo. Cuando sientes la experiencia de la flor en todo tu cuerpo, tiene lugar una sanación. Lo mismo puede ocurrir cuando contemplamos un árbol, o cuando sentimos el olor del humo, o la sensación de la tela de la camisa, o cuando oímos el canto de un pájaro o saboreamos una manzana. Entrénate para experimentar intensamente los objetos sensoriales sin juzgar. Intenta plenamente ser el ojo con la forma, la nariz con el olor, el oído con el sonido, y así sucesivamente. Trata de estar completamente en la experiencia mientras permaneces en la percepción pura del objeto sensorial.

Aunque desarrollemos esta habilidad, continuaremos teniendo reacciones. Al ver una flor, surgirán juicios acerca de su belleza, o un olor puede resultarnos desagradable. Aun así, con la práctica podemos mantener la conexión con la experiencia sensorial pura en lugar de seguir estando perdidos en las distracciones de la mente. Dejarnos distraer por una nube de conceptos es un hábito y puede ser sustituido por un hábito nuevo: utilizar la experiencia sensual corporal para regresar a la presencia, para conectar con la belleza del mundo, con la experiencia vívida y enriquecedora de la vida que subyace a nuestras distracciones. Éste es el puntal de un yoga de los sueños exitoso.

El primer momento de la percepción siempre es claro y luminoso. Lo único que nos impide reconocer esto y experimentar cada momento de la vida con aprecio son las distracciones de la mente. Apoyarnos en esta práctica utiliza la estabilidad de la forma y la experiencia vívida y sensual del mundo sensorial para reforzar esas cualidades de la mente más propicias para una práctica de los sueños satisfactoria.

Preparación para la noche

Después de un día estresante solemos sentirnos medio muertos. Luego caemos rendidos en la cama y nos quedamos casi totalmente muertos. Ni siquiera dedicamos unos minutos a conectar al cuerpo y la mente en la presencia, sino que pasamos el resto de la noche en la distracción, y permanecemos ahí mientras nos preparamos para ir a la cama y mientras nos quedamos dormidos. Conectar mente, cuerpo y sentimiento es una de las cosas más importantes que podemos hacer para asegurar nuestra progresión en el camino espiritual. Deberíamos dedicar un poco de tiempo a hacer esto cada noche antes de dormir.

Cuando nos quedamos dormidos con la mente y el cuerpo desconectados, cada uno va por su lado. El cuerpo mantiene el estrés y las tensiones que acumuló durante el día y la mente también continúa como estuvo durante la jornada, corriendo de un lugar a otro, de un momento a otro, sin anclarse y sin estabilidad y serenidad. Existe en un estado ansioso o adormilado, con poca presencia. En esta situación, carecemos de poder y de conciencia, y el yoga de los sueños se hace muy difícil.

Para cambiar esta situación, para tener un sueño más saludable y mejores resultados en la práctica de los sueños, debes dedicar cinco minutos antes de dormir a reconectar con la presencia y con la calma. Las cosas simples son muy efectivas: date un baño, enciende una vela y quema incienso, siéntate delante de un altar o en tu cama y conecta con los seres iluminados o con tu maestro. Puedes generar sentimientos de compasión, prestar atención a las sensaciones en tu cuerpo y cultivar las experiencias de alegría, felicidad y gratitud. Duérmete generando pensamientos y sentimientos positivos. Las oraciones y el amor relajarán el cuerpo y serenarán la mente, y traerán alegría y paz a ambos. Como te sugerí antes, imagina que estás rodeado de seres iluminados y protectores, especialmente de dakinis. Imagina que te protegen como una madre protege a su hijo, irradiando amor y compasión hacia ti. Luego, sintiéndote seguro y en paz, reza: «Deseo tener un sueño claro. Deseo tener un sueño lúcido. Deseo entenderme a través del sueño». Repite estas líneas una y otra vez, en voz alta o internamente. Esto es algo muy sencillo de hacer, pero cambiará la calidad del sueño y de tus sueños, y estarás más descansado y anclado por la mañana.

Si sientes que las cuatro etapas de la práctica son demasiado complicadas (concentrarte en los chakras de la garganta, el corazón y el secreto), concéntrate solamente en el chakra de la garganta. Imagina una *A* roja y luminosa ahí después de haber dicho tu oración. Concéntrate en ella, siéntela y quédate dormido. Es importante que te hayas relajado antes para poder sentir la conexión con tu cuerpo. Si incluso la concentración en la letra *A* te resulta difícil o compleja, entonces simplemente siente todo tu cuerpo y conecta con la presencia y la compasión. Ésa es la manera de limpiar la mente y el cuerpo, los cuales se han estresado y abrumado durante el día. Cada noche nos cepillamos los dientes y nos lavamos, y nos sentimos mejor y dormimos mejor. Si, en lugar de eso, nos vamos a dormir sintiéndonos sucios e impuros, el sueño y nuestros sueños se ven afectados. Todos sabemos esto acerca del nivel físico de nuestra existencia, pero a menudo olvidamos cuán importante es sentir esa frescura y conectividad en nuestra mente también. Quizás deberíamos escribir esta frase en nuestros cepillos de dientes: «Después de esto, lava tu mente».

También puedes trabajar con la respiración antes de dormir. Intenta respirar igualmente por ambos orificios nasales. Si el orificio derecho está bloqueado, duerme sobre tu lado izquierdo y viceversa. Relaja la respiración y deja que sea suave y silenciosa. Como sugerí anteriormente, espira el estrés y las emociones negativas e inspira energía pura y sanadora. Realiza esta respiración nueve veces, en la postura de meditación o cuando estés acostado, y luego concéntrate en la *A* roja en la garganta. Más que concentrarte en la *A*, siéntela; fusiónate con ella en lugar de estar separado de ella. Al despertar, si encuentras que te sientes mejor y más descansado, alégrate por este logro. Siente las bendiciones de los maestros y los seres iluminados, el placer de tus propios esfuerzos gozosos y la felicidad de seguir el camino espiritual. Esta felicidad te animará a realizar la práctica de la noche siguiente y te ayudará a mantener y desarrollar la práctica continuamente.

No es inusual que te resulte difícil relajarte o sentir compasión o amor antes de dormir. Si te encuentras en esa situación, utiliza tu imaginación creativa. Imagina que estás tumbado en una playa cálida y hermosa, o caminando en medio del aire limpio y fresco de la montaña. Imagina aquellas cosas que hacen que te sientas relajado en lugar de limitarte a quedarte dormido, alejado de la presencia por las emociones y las tensiones del día. Incluso estas sencillas prácticas serán de gran ayuda.

10

Integración

La práctica de los sueños no es sólo para el crecimiento personal o para generar experiencias interesantes. Forma parte del camino espiritual y sus resultados deberían afectar a todos los aspectos de la vida, cambiando la identidad del practicante y su relación con el mundo. La mayor parte de lo que se incluye en esta sección acerca de la integración de la práctica de los sueños con la vida del practicante ya ha sido mencionada, pero aquí está resumida.

Existen dos etapas generales en la práctica de los sueños: la convencional y la no convencional, o la dualista y la no dualista. Nosotros nos hemos concentrado principalmente en la primera, la cual está relacionada con el trabajo con las imágenes y las historias de los sueños, con nuestras respuestas a las experiencias y a nuestras emociones, con los efectos de los sueños en nosotros y con los efectos de nuestra práctica en los sueños, y con el desarrollo de una mayor conciencia y un mayor control.

El nivel no convencional de la práctica no incluye el contenido de nuestros sueños ni nuestras experiencias con ellos, sino la luz clara no dual. Éste es el objetivo final de la práctica de los sueños y de la práctica del dormir.

No deberíamos menospreciar jamás el uso dualista del yoga de los sueños. Después de todo, la mayoría de nosotros vive la mayor parte del tiempo en el mundo de la dualidad y debemos realizar nuestro camino espiritual en la vida ordinaria. Al trabajar con las prácticas de los sueños, transformamos la ira en amor, la desesperanza en esperanza, lo que está herido en nosotros en aquello que está sano y fuerte. Desarrollamos la capacidad de trabajar hábilmente con las situaciones en la vida y de servir de ayuda para los demás. Obtenemos estas habilidades cuando empezamos a entender verdaderamente que la vida es como un sueño y que es flexible. Entonces podemos transformar la vida ordinaria en experiencias de gran belleza y sentido, incorporándolo todo al camino.

Sólo cuando nuestro yo convencional se desvanece en rigpa, superamos verdaderamente la necesidad de esperanza y significado, y vamos más allá de las distinciones de positivo y negativo. La verdad no convencional está más allá de la sanación y de la necesidad de sanar. Adoptar esta perspectiva cuando no estamos viviendo realmente en la visión no dual nos lleva a una especie de espiritualidad confusa en la que ejercitamos nuestro condicionamiento negativo y creemos que estamos ejercitando la libertad. Cuando permanecemos completamente en la luz clara, las negatividades dejan de regirnos y entonces es fácil ponernos a prueba y ver si hemos llegado o no.

Existen cuatro campos de integración relacionados con la práctica de los sueños: visión, sueños, bardo y luz clara. Visión aquí significa todas las experiencias de la vida de vigilia, incluyendo todo aquello que percibimos con los sentidos y todos los sucesos internos. La visión se integra en el sueño cuando entendemos que todas las experiencias y los fenómenos son sueños. Ésta no debería ser únicamente una comprensión intelectual, sino también una experiencia vívida y lúcida. De lo contrario sería solamente un juego de la imaginación y no se produciría ningún cambio real. La integración genuina de este punto produce un profundo cambio en la respuesta de la persona al mundo. La avidez y la aversión disminuyen inmensamente y los enredos emocionales que antes nos parecían tan cautivadores son experimentados como el remolcador de las historias de los sueños y nada más que eso.

Cuando la práctica cambia las experiencias de las visiones del día, ese cambio es integrado en los sueños. Aparece la lucidez en el estado del sueño. Existen niveles sucesivos de lucidez, desde las primeras experiencias de ser conscientes de que el sueño es un sueño mientras todavía está dirigido por la lógica del sueño, hasta una lucidez poderosa en la que uno es totalmente libre en el sueño y éste se convierte en una experiencia de una vivacidad y una claridad casi chocantes.

La lucidez y la flexibilidad de la mente que se desarrollan en los sueños deben ser integradas, entonces, en el estado intermedio posterior a la muerte. Experimentar la muerte es muy similar a entrar en un sueño. La posibilidad de permanecer presentes durante el bardo intermedio después de la muerte, de continuar estando conscientes y sin distraernos cuando surjan las visiones posteriores a la muerte, depende de las capacidades que hayamos desarrollado en el yoga de los sueños. Nosotros decimos que los sueños son una prueba para el bardo. Esto es la integración del estado del sueño con el estado intermedio, entendiendo que las reacciones a los fenómenos de los sueños serán las mismas que las reacciones a los fenómenos del bardo. El logro en este punto depende del desarrollo de la lucidez y el no apego en los sueños.

El bardo debe ser integrado con la luz clara. Éste es el medio para alcanzar la iluminación. Durante el bardo, es mejor no relacionarnos de una forma dualista con los fenómenos que van surgiendo, sino permanecer en la presencia no dual, en la conciencia plena sin distracción. Esto es permanecer en la luz clara, la unión del vacío y la conciencia pura. La capacidad de hacer esto es también la última etapa de la práctica de los sueños antes de la muerte: cuando el practicante se integra completamente con la luz clara, deja de soñar.

Cuando vemos la experiencia de vigilia directamente como un sueño, el apego cesa. La gran lucidez que tenemos que haber desarrollado para progresar hasta este punto llega de una forma natural a los sueños nocturnos. Cuando la lucidez se desarrolla y se estabiliza en el sueño, más adelante se manifiesta en el bardo. Cuando uno está completamente consciente en el bardo, de una forma no dualista, se alcanza la liberación.

Aplica la práctica de los sueños sin interrupción y los resultados se manifestarán en todas las dimensiones de tu vida. El resultado de la realización plena de la práctica es la liberación. Si la práctica no está produciendo experiencias distintas en tu vida, si no estás más relajado y con menos tensiones y distracciones, entonces los obstáculos deben ser examinados y superados, y debes consultar con un maestro. Si no hay ninguna experiencia de progreso en el camino, entonces debes fortalecer la intención. Cuando empiecen a aparecer señales de progreso, recíbelas con alegría y permite que refuercen tu intención. Con comprensión y la práctica, el progreso llegará sin duda alguna.

PARTE CUATRO

EL DORMIR

Las siguientes secciones presuponen una cierta familiaridad con la terminología tántrica básica. A diferencia del material anterior sobre el yoga de los sueños, estas secciones sobre el yoga del dormir están dirigidas principalmente a aquellos que ya son practicantes del tantra o el Dzogchen.

1

El dormir y el quedarnos dormidos

El proceso normal del dormir ocurre cuando la consciencia se retira de los sentidos y la mente se pierde en la distracción, diluyéndose en las imágenes mentales y los pensamientos hasta que se desvanece en la oscuridad. Entonces la inconsciencia se mantiene hasta que aparecen los sueños, y cuando lo hacen, la sensación del yo se reconstituye a través de la relación dualista con las imágenes del sueño hasta que se presenta el siguiente período de inconsciencia. Una noche de sueño normal consta de períodos alternos de inconsciencia y de sueños.

El dormir es algo oscuro para nosotros porque perdemos la consciencia en él. Nos parece que está vacío de experiencias porque nos identificamos con la mente ordinaria, la cual deja de funcionar mientras dormimos. El período en el que nuestras identidades colapsan es lo que llamamos «quedarse dormido». Somos conscientes en los sueños porque la mente móvil está activa, dando lugar a un ego onírico con el que nos identificamos. Sin embargo, durante el sueño, el yo subjetivo no aparece.

Aunque definimos el dormir como inconsciencia, la oscuridad y el vacío esencial no son su esencia. Para la conciencia pura que está en nuestra base, el dormir no existe. Cuando la mente móvil no es afectada con oscurecimientos, sueños o pensamientos, se desvanece en la naturaleza de la mente; entonces, en lugar del dormir de la ignorancia, surgen la claridad, la serenidad y la dicha. Cuando desarrollamos la capacidad de permanecer en esa conciencia, descubrimos que el dormir es luminoso. Esa luminosidad es la luz clara. Ésa es nuestra verdadera naturaleza.

Como se explicó en capítulos anteriores, los sueños surgen de los rastros kármicos. Antes utilicé la analogía de la luz que es proyectada a través de un carrete para hacer películas, donde los trazos kármicos son las fotografías, la conciencia es la luz que las ilumina y los sueños son proyectados en la base (*kunzhi**). El yoga de los sueños desarrolla la lucidez en relación con las imágenes del sueño, pero en el yoga del dormir no hay ninguna película o proyección. En el yoga del dormir no hay imágenes. La práctica es el reconocimiento directo de la conciencia por la conciencia, es la luz iluminándose a sí misma. Es luminosidad sin ningún tipo de imágenes. Más adelante, cuando se desarrolla la estabilidad en la luz clara, ni siquiera las imágenes oníricas distraen al practicante, y el período del dormir en el que soñamos también tiene lugar en la luz clara. Entonces llamamos a estos sueños los sueños de la luz clara, que son distintos a los sueños de claridad. En los sueños de la luz clara, la luz clara no es oscurecida.

En cuanto comenzamos a conceptualizar o a intentar imaginar la luz clara, perdemos el verdadero sentido de lo que es. En la luz clara no hay ni sujeto ni objeto. Si se da cualquier identificación con un sujeto, entonces no se ha entrado en la luz clara. De hecho, nada «entra» en la luz clara: la luz clara es la base reconociéndose a sí misma. No hay un «tú» o un «eso». Utilizar el lenguaje dualista para describir lo no dual tiene como resultado, necesariamente, la paradoja. La única manera de conocer la luz clara es conociéndola de una forma directa.

2

Las tres formas del dormir

El dormir de la ignorancia

El dormir de la ignorancia, al que llamamos «sueño profundo», es una gran oscuridad. Se siente como una oscuridad de miles de años, y es incluso más antigua: es la esencia de la ignorancia, la raíz del samsara. No importa cuántas noches durmamos, aunque durmamos todas las noches durante treinta o setenta años, nunca acabamos de dormir. Volvemos una y otra vez como si el dormir nos recargara, y lo hace. La ignorancia es el sustento del samsara y, como seres samsáricos, cuando nos desvanecemos en el dormir de la ignorancia, nuestras vidas samsáricas se alimentan. Despertamos estando más fuertes y nuestra existencia samsárica se actualiza. Ésta es la «gran ignorancia», porque es inconmensurable.

Experimentamos el dormir de la ignorancia como un vacío en el cual no hay ninguna sensación del yo y ninguna consciencia. Piensa en un día largo y agotador, con un tiempo lluvioso, una cena pesada y el sueño resultante en el que no hay claridad ni un sentido del yo. Desaparecemos. Una manifestación de la ignorancia en la mente es el adormecimiento mental que nos lleva hacia esa disolución en la inconsciencia.

La ignorancia innata es la causa principal del dormir, y las causas y condiciones secundarias necesarias para su manifestación están ligadas al cuerpo y su fatiga.

El dormir samsárico

El segundo tipo es el dormir samsárico, el dormir de los sueños. El dormir samsárico es llamado la «gran ilusión», porque parece infinito.

El dormir samsárico es como salir a pasear por el centro de una gran ciudad, donde ocurren todo tipo de cosas: la gente se abraza, se pelea, conversa y se abandona; hay hambre y hay riqueza; unas personas dirigen negocios y otras roban a los negocios; hay lugares bonitos y lugares en malas condiciones, atemorizantes. En cualquier ciudad podemos encontrar manifestaciones de los seis reinos, y el dormir samsárico es la ciudad de los sueños, un reino ilimitado de actividad mental generada por los rastros kármicos de acciones del pasado. A diferencia del dormir de la ignorancia, en el cual la mente móvil cesa, el dormir samsárico requiere de la participación de la mente burda y las emociones negativas.

Aunque es el cuerpo el que nos llama al dormir de la ignorancia, la actividad emocional es la causa principal del soñar. Las causas secundarias son los actos basados en el apego o la aversión.

El dormir de la luz clara

El tercer tipo de dormir, que se realiza a través del yoga del dormir, es el dormir de la luz clara, también llamado el dormir de la claridad, y ocurre cuando el cuerpo está durmiendo pero el practicante no está perdido en la oscuridad o en los sueños, sino que permanece en la conciencia pura.

La luz clara es definida en la mayoría de textos como la unidad del vacío y la claridad. Es la conciencia pura y vacía que está en la base de la persona. El término «clara» hace referencia al vacío, a la madre, a la base, kunzhi. «Luz» hacer referencia a la claridad, al hijo, rigpa, la conciencia pura innata. La luz clara es la conciencia directa de la unidad de rigpa y la base, de conciencia y vacío.

La ignorancia se compara a una habitación oscura en la que duermes. La conciencia es una lámpara en esa habitación. Sin importar cuanto tiempo haya estado a oscuras ese lugar, una hora o un millón de años, en el momento en el que la lámpara de la conciencia es encendida, toda la habitación se ilumina. Hay un buda en la llama, el dharmakaya. Tú eres esa luminosidad. Tú eres la luz clara; no es un objeto de tu experiencia o un estado mental. Cuando la conciencia luminosa en la oscuridad está dichosa, clara, inmóvil, sin referencia, sin juicio, sin centro o circunferencia, eso es rigpa. Es la naturaleza de la mente.

Cuando el pensamiento es observado en la conciencia sin apego ni aversión, se desvanece. Cuando el pensamiento (el objeto de la conciencia) se desvanece, el observador o el sujeto también lo hace. En cierto sentido, cuando el objeto se desvanece, lo hace en la base, y cuando el sujeto se desvanece, lo hace en rigpa. Éste es un ejemplo arriesgado porque uno podría pensar que hay dos cosas, la base y rigpa, pero eso sería entenderlo incorrectamente, porque son inseparables como el agua y la humedad. Son descritos como dos aspectos de la misma cosa para ayudarnos a entender, a relacionar las enseñanzas con la aparente dicotomía de sujeto y objeto. Pero la verdad es que nunca hay un objeto separado de un sujeto; sólo existe la ilusión de separación.

3

La práctica del dormir y la práctica del soñar

La diferencia entre las prácticas de los sueños y del dormir es un tanto similar a la diferencia en la práctica de permanecer en calma (zhine) cuando se utiliza un objeto y cuando no hay ningún objeto. Asimismo, en la práctica tántrica, el yoga de los sueños se utiliza para generar el cuerpo divino de la deidad de la meditación (yidam), lo cual sigue estando en el ámbito de sujeto y objeto, mientras que el yoga del dormir desarrolla la mente de la deidad, que es conciencia pura no dual. En cierto sentido, la práctica de los sueños es una práctica secundaria en el Dzogchen porque todavía trabaja con la visión y con imágenes, mientras que en la práctica del dormir no hay ni sujeto ni objeto, sino únicamente la rigpa no dual.

Cuando se introduce al estudiante a la práctica, normalmente se le enseña primero las prácticas con atributos. Sólo después de cierto desarrollo de la estabilidad, se inicia la práctica sin atributos. Esto se debe a que el estilo dominante de nuestra consciencia tiene que ver con los atributos, con los objetos del sujeto con el que uno se identifica. Dado que nos identificamos constantemente con la actividad de la mente móvil, al principio nuestra práctica debe proporcionarnos algo a lo que la mente se pueda agarrar. Si nos dicen: «Sé sólo espacio», la mente móvil no puede comprenderlo, porque no tiene dónde agarrarse. Intenta crear una imagen del vacío para poder identificarse con él, pero la práctica no se trata de eso. Sin embargo, si decimos que hay que visualizar algo, luego hacer que se desvanezca y así sucesivamente, la mente móvil se siente cómoda porque tiene algo en qué pensar. Utilizamos la mente conceptual y objetos de la conciencia para conducir a la mente hacia la conciencia sin atributos, que es hacia donde debe ir la práctica.

Nos dicen, por ejemplo, que imaginemos que el cuerpo se desvanece, y eso suena bien, lo podemos imaginar. Después del desvanecimiento hay un momento en el cual no hay nada a lo que agarrarse y eso crea una situación en la cual el practicante preparado puede reconocer a rigpa. Esto es semejante a contar hacia atrás desde el diez (diez, nueve, ocho...) hasta llegar al cero. No hay nada que asir en el cero; es el tiglé del espacio vacío, pero el movimiento nos lleva hasta ahí. Contar haca atrás hasta llegar al vacío es similar a usar la práctica con atributos para que nos lleve hasta el vacío de la práctica sin atributos.

La práctica del dormir realmente no tiene forma, de manera que no hay nada en lo que nos podamos enfocar. La práctica y el objetivo son lo mismo: permanecer en la unidad inseparable de la claridad y el vacío, más allá de la separación dualista del que percibe y lo percibido. No hay cualidades, no hay arriba ni abajo, no hay dentro ni fuera, no hay parte superior ni parte inferior, no hay tiempo ni límites. No hay absolutamente ninguna distinción. Dado que no hay ningún objeto del cual la mente se pueda asir como en los sueños, el yoga del dormir es considerado más difícil que el yoga de los sueños. Tener lucidez en un sueño significa que el sueño es reconocido como tal; es el objeto de la conciencia. Pero en la práctica del dormir, el reconocimiento no es de un objeto por parte de un sujeto, sino que es un reconocimiento no dual de la conciencia pura, la luz clara, por parte de la propia conciencia. La consciencia sensorial no está funcionando, de manera que la mente que se apoya en las experiencias sensoriales no está funcionando. La luz clara es como ver sin ojos, sin un objeto, o sin que haya alguien mirando.

Esto es análogo a lo que ocurre al morir: es más difícil alcanzar la liberación en el primer bardo, el bardo primordialmente puro (*ka-dag*), que en el bardo subsiguiente, el bardo de la luz clara (*od-sal*), en el cual aparecen imágenes. En el momento de la muerte, hay un instante de total disolución de la experiencia subjetiva en la base antes de la aparición de las visiones del bardo. Entonces, no hay ningún yo subjetivo, de la misma manera en que la experiencia diaria acaba en el desvanecimiento del sueño. Nos vamos. Y luego aparecen los sueños cuando dormimos, o las imágenes en el bardo, y cuando son percibidos, la fuerza de las tendencias kármicas crea la sensación de que hay un yo que percibe y experimenta los objetos de la percepción. Atrapados otra vez en la dualidad, si estamos dormidos permanecemos en el dormir samsárico y si estamos en el bardo continuamos avanzando hacia el renacimiento.

Si logramos realizar con éxito la práctica del dormir, podemos liberarnos en el bardo primordialmente puro. Si no lo hemos logrado, nos encontraremos con las visiones subsiguientes del bardo, en cuyo caso, si somos expertos en la práctica de los sueños es más probable que seamos liberados. Si no hemos logrado realizar ni la práctica de los sueños ni la práctica del dormir, entonces continuaremos deambulando en el samsara.

Debes decidir por ti mismo cuál de estas prácticas es la más adecuada para ti. Las enseñanzas Dzogchen siempre recalcan la importancia de conocerte a ti mismo, reconociendo tus capacidades y tus obstáculos, y utilizar ese conocimiento para practicar de la forma más beneficiosa. Dicho esto, sólo habrá unas pocas personas a las que la práctica del dormir les resultará más fácil que la práctica de los sueños, de manera que por lo general yo recomiendo que se empiece con la práctica de los sueños. Si tu mente se sigue aferrando, tiene sentido que empieces con el yoga de los sueños, donde la mente puede aferrarse al sueño. Cuando ya se ha desarrollado la estabilidad en rigpa, la práctica del dormir puede ser más fácil de realizar porque hay una experiencia fuerte de no aferrarnos, de no ser un sujeto, que es lo que ocurre al dormir. Otro motivo por el cual recomiendo empezar con el yoga de los sueños es porque normalmente al practicante le lleva más tiempo alcanzar la lucidez en el dormir que en los sueños. Practicar durante un período largo sin obtener resultados visibles puede causar desaliento, y eso puede ser un obstáculo en el camino. Una vez que hayas adquirido cierta experiencia en cualquiera de los dos yogas, es bueno que continúes y refuerces la práctica.

Los dos yogas finalmente conducen el uno al otro. Cuando la práctica de los sueños ha sido realizada plenamente, la conciencia no dual de rigpa se manifestará en los sueños. Esto producirá muchos sueños de claridad y finalmente la disolución de los sueños en la luz clara. Éste también es el fruto de la práctica del dormir. Por otro lado, cuando se progrese en el yoga del dormir, los sueños serán naturalmente más lúcidos y surgirán sueños de claridad de forma espontánea. Los sueños lúcidos pueden ser utilizados entonces para el desarrollo de la flexibilidad de la mente, tal como se describió antes. El éxito final en cualquiera de las dos prácticas requiere que la presencia pura de rigpa sea reconocida y estabilizada durante el día.

PARTE CINCO

La práctica del yoga del dormir

1

La dakini Salgye Du Dalma

El *Tantra Madre* enseña que hay una dakini que es la protectora y guardiana del sueño sagrado. Resulta útil establecer una conexión con su esencia, que es también la naturaleza de la práctica, para que ella pueda guiar y bendecir la transición del sueño inconsciente al sueño consciente. Su nombre es Salgye Du Dalma (*gsal-byed-gdos-bral-ma*). Esto se traduce como «Aquella que clarifica más allá de la concepción». Ella es la luminosidad oculta dentro de la oscuridad del sueño normal.

En la práctica del dormir, Salgye Du Dalma no tiene forma, pero mientras nos vamos quedando dormidos, la visualizamos como una esfera luminosa de luz, un tiglé. La luz es visualizada, pero no como una forma como las sílabas utilizadas en el yoga de los sueños, porque aquí estamos trabajando en el nivel de la energía, más allá de la forma. Estamos intentando disolver todas las distinciones como dentro y fuera, yo y el otro. Cuando visualizamos una forma, el hábito de la mente es pensar en esa forma como algo distinto a sí misma, pero debemos ir más allá de la dualidad. La dakini es la representación de la luz clara. Ella es lo que nosotros somos en nuestro estado puro: clara y luminosa. En la práctica del dormir nos convertimos en ella.

Cuando desarrollamos una relación con Salgye Du Dalma, conectamos con nuestra naturaleza más profunda, y podemos favorecer esta conexión recordándola lo más posible. Durante el día podemos visualizarla en la forma de *samboghakaya**: luminosa y hermosa, de un blanco puro. Su cuerpo translúcido está hecho completamente de luz. En su mano derecha sostiene un cuchillo curvo y en su mano izquierda un cuenco hecho con la parte superior de un cráneo. Ella permanece en el centro del corazón, sentada sobre un disco lunar blanco, el cual descansa sobre un disco solar dorado, que a su vez descansa sobre una hermosa flor de loto azul de cuatro pétalos. Como en el yoga del gurú, imagina que te fundes con ella y ella se funde contigo, mezclando vuestras esencias hasta que se convierten en una sola.

Dondequiera que estés, ella está contigo, pues reside en tu corazón. Cuando comas, ofrécele alimentos. Cuando bebas, ofrécele lo que vas a beber. Puedes hablar con ella. Si estás en un espacio en el que puedes escuchar, deja que ella te hable. Esto no significa que tengas que volverte loco, pero puedes usar tu imaginación. Si has leído libros sobre el dharma y asistido a charlas sobre estos temas, imagina que ella te está transmitiendo las enseñanzas que tú ya conoces. Permítele que te recuerde que debes permanecer en la presencia, acabar con la ignorancia, actuar compasivamente, ser consciente y resistir las distracciones. Es posible que tu maestro o tus amigos no estén siempre disponibles, pero la dakini sí que lo está. Haz de ella tu compañera constante y la guía para tu práctica. Descubrirás que con el tiempo, la comunicación empezará a parecerte real; ella encarnará tu propia comprensión del dharma y te devolverá su reflejo. Cuando recuerdes su presencia, la habitación en la que te encuentres te parecerá más luminosa y tu mente se tornará más lúcida; ella te estará enseñando que la luminosidad y la lucidez que experimentas es la luz clara que eres en realidad. Entrénate para que incluso los sentimientos de desconexión y el surgimiento de emociones negativas te recuerden inmediatamente a ella. Entonces la confusión y las trampas emocionales te servirán para traerte de vuelta a la conciencia como la campana de un templo que señala el inicio de la práctica.

Si esta relación con la dakini te parece demasiado extraña o fantasiosa, quizás quieras interpretarla psicológicamente. No hay problema. Puedes pensar en ella como un ser individual o como un símbolo que utilizas para guiar tu intención y tu mente. En cualquier caso, la devoción y la constancia son valores poderosos en el camino espiritual. También puedes realizar esta práctica con tu yidam, si es que realizas las práctica del yidam, o con cualquier otra deidad o ser iluminado; lo que hace la diferencia son tus esfuerzos, no la forma. Pero también es bueno reconocer que Salgye Du Dalma está asociada especialmente con esta práctica en el *Tantra Madre*. Hay una larga historia de practicantes que trabajan con su forma y su energía, y establecer una conexión con el poder de este linaje puede ser un gran apoyo.

La imaginación es muy poderosa, suficientemente fuerte como para atarnos a los sufrimientos del samsara durante toda una vida, pero también suficientemente fuerte como para hacer que el diálogo con la dakini sea real. Con frecuencia, los practicantes ven al dharma como algo rígido, pero no lo es. El dharma es flexible y la mente debería ser flexible con él. Es tu responsabilidad encontrar la manera de usar el dharma para respaldar tu realización. En lugar de imaginar cómo irá el día siguiente, o cómo fue la discusión que tuviste con tu jefe, o cómo será la noche con tu pareja, sería más útil crear la presencia de esta hermosa dakini que encarna la meta más elevada de la práctica. Lo importante es desarrollar la poderosa intención necesaria para realizar la práctica y una relación fuerte con tu verdadera naturaleza, la cual es representada por la dakini. Rézale con la mayor frecuencia posible pidiéndole el dormir de la luz clara. Tu intención se fortalecerá cada vez que lo hagas.

Finalmente, llegarás a ser uno con la dakini, lo cual no significa que adoptarás su forma como en la práctica tántrica. Significa que permanecerás en la naturaleza de la mente, siendo rigpa en todo momento. Permanecer en el estado natural es el mejor acto preliminar y la mejor práctica.

Salgye Du Dalma

2

La práctica preliminar

Cuando llevamos el estrés y las tensiones a la cama, permanecen con nosotros mientras dormimos. Para evitar esto, hay que procurar llevar la mente a rigpa. Si no lo logras, entonces lleva la mente al cuerpo, al canal central y al corazón. Las prácticas preliminares recomendadas para el yoga de los sueños también se aplican al yoga del dormir. Refúgiate en el lama, en el yidam y la dakini, o haz las nueve respiraciones de purificación y el yoga del gurú. Como mínimo, piensa en cosas buenas que favorezcan la devoción y la práctica, como por ejemplo generar compasión. Esto lo puede hacer cualquiera. Reza también para tener un sueño claro y liviano. Si hay otras prácticas que normalmente realizas antes de dormir, puedes continuar haciéndolas.

Dejar encendida una vela o una luz pequeña durante la noche mantiene una cierta vigilia en la mente. Dormir con la luz encendida se siente diferente, y esa diferencia puede utilizarse para ayudar a mantener la conciencia. Si utilizas una vela, asegúrate de tomar precauciones para evitar un incendio.

La luz no sólo te ayuda a mantenerte alerta, sino que además representa a la dakini Salgye Du Dalma. La claridad y la luminosidad de la luz están más cerca de su esencia que cualquier otro fenómeno en el mundo de la forma. Cuando haya una luz encendida, imagina que la luminosidad de la habitación es la dakini que te está rodeando con su esencia. Deja que la luz externa te conecte con la luz interna, con la luminosidad que tú eres. Relacionar la experiencia de la luz en el mundo físico con la práctica es de gran ayuda; proporciona a la mente convencional una dirección, un apoyo, mientras avanza hacia la disolución en conciencia pura. La luz externa puede ser un puente entre el mundo conceptual de la forma y la experiencia no conceptual directa de lo informe.

Otra práctica preliminar que se utiliza en ocasiones es permanecer sin dormir durante una, o tres, o incluso cinco noches. Esto agota a la mente convencional. Tradicionalmente, esto lo hace el practicante cuando el profesor está cerca. Después de ese período sin dormir, cuando el practicante al final duerme, el maestro lo despierta periódicamente durante la noche y le hace preguntas: ¿Estás consciente? ¿Soñaste? ¿Caíste en el dormir de la ignorancia?

Si deseas probar esto, ponte de acuerdo con un practicante experimentado en el que confíes. Después de pasar la noche sin dormir (es mejor estar solamente una noche en vela) procura recibir un masaje, si es posible, para relajar el cuerpo y abrir los canales. Luego haz que el practicante te despierte tres veces durante la noche siguiente y te haga las preguntas antes mencionadas. Después de cada despertar, realiza la práctica que explicaré a continuación y vuelve a dormir. A veces la mente convencional puede llegar a estar tan agotada que está muy serena. Entonces es más fácil encontrarte en la luz clara.

3

La práctica del dormir

Al igual que en la práctica de los sueños, aquí se realizan cuatro sesiones de la práctica del dormir en los períodos de vigilia durante la noche. Sin embargo, en el yoga del dormir, las cuatro sesiones son iguales.

Acuéstate en la posición del león, tal como se explicó en el capítulo sobre la práctica de los sueños: los hombres sobre su lado derecho y las mujeres sobre el izquierdo. Visualiza cuatro pétalos azules de flor de loto en el centro del corazón. En la parte central de la flor, está la dakini Salgye Du Dalma, visualizada en su esencia como una esfera clara y luminosa de luz pura, un tiglé tan trasparente como un cristal perfecto. El tiglé, claro e incoloro, refleja el azul de los pétalos y adquiere un tono azul blanquecino radiante. Mezcla tu presencia completamente con el tiglé luminoso hasta convertirte en una luz azul radiante.

En cada uno de los cuatro pétalos azules, hay un tiglé, y sumados al tiglé central, forman cinco. En la parte delantera hay un tiglé amarillo, el cual representa al este. Hacia tu izquierda, el norte, hay un tiglé verde. Detrás está el tiglé rojo del oeste y a la derecha se encuentra el tiglé azul del sur. Los tiglés representan a cuatro dakinis visualizadas en su esencia luminosa, la luz coloreada. Visualiza sus formas únicamente como esferas de luminosidad. Los cuatro tiglés son como un séquito para Salgye Du Dalma. Desarrolla la sensación de que estás rodeado de la protección de las dakinis e intenta sentir realmente esa presencia amorosa hasta que te sientas seguro y relajado.

Reza a la dakini pidiéndole el dormir de la luz clara en lugar de tener sueños o el dormir de la ignorancia. Haz que tu plegaria sea fuerte y devota, y reza una y otra vez. La oración ayudará a fortalecer la devoción y la intención. No puedo dejar de recalcar que una intención fuerte es la base de la práctica. Desarrollar la devoción ayudará a hacer que la intención sea suficientemente clara y poderosa para atravesar las nubes de la ignorancia que ocultan la luminosidad de la luz clara.

Entrar en el dormir

Aunque la experiencia de quedarnos dormidos es continua, la dividimos en cinco etapas para ayudar a hacer que el proceso sea más consciente. En la tabla que aparece en la página siguiente, la columna de la izquierda enumera una desconexión progresiva de los sentidos y los objetos sensoriales hasta alcanzar una «ausencia de visión» total, lo cual significa una absoluta ausencia de experiencias sensoriales.

Normalmente la identidad depende del mundo de los sentidos, pero cuando eso desaparece al dormir, ese apoyo para la consciencia desaparece y el resultado es que uno «se queda dormido», lo cual significa que está inconsciente. El yoga del dormir utiliza los tiglés para apoyar a la consciencia cuando se pierde el contacto con el mundo exterior. Correspondiendo con el desvanecimiento progresivo de las experiencias sensoriales, el practicante conecta, en secuencia, con los cinco tiglés, hasta que, dado que el mundo exterior ha desaparecido por completo, el sujeto se desvanece en la luminosidad pura y no dual de la luz clara. El movimiento de un tiglé a otro debería ser lo más suave posible, en concordancia con el movimiento continuo e ininterrumpido hacia el dormir.

a) Después de haberte acostado en la posición apropiada, la experiencia sensorial se mantiene completamente: ves a través de tus ojos, oyes, sientes la cama, etc. Éste es el momento de la visión. Las experiencias sensoriales sostienen al yo convencional. A continuación, comienza a llevar ese soporte a la conciencia pura que es representada por los tiglés. El primer paso consiste es fusionar tu conciencia con el tiglé de la parte delantera, una cálida luz amarilla en la que la mente conceptual se puede empezar a disolver.

ETAPAS EN EL CESE DE LA EXPERIENCIA SENSORIAL			
Experiencia sensorial	Tiglé		
	Color	Dirección	Ubicación
a. Visión	amarillo	Este	adelante
b. Visión decreciendo	verde	Norte	izquierda
c. Visión menguando	rojo	Oeste	atrás
d. Visión cesando	azul	Sur	derecha
e. Visión ausente	azul blancuzco	Centro	centro

b) Cuando los ojos se cierran, el contacto con el mundo sensorial empieza a disminuir. Éste es el segundo punto, en el cual la visión decrece. Cuando el soporte externo se pierda, lleva la conciencia al tiglé verde de la izquierda. Deja que la identidad empiece a desvanecerse mientras la experiencia sensorial va disminuyendo.

c) Cuando la experiencia sensorial se apague aún más, lleva la conciencia al tiglé rojo. Estás familiarizado con el proceso de quedarte dormido: los sentidos se suavizan, se vuelven borrosos y hay una pérdida gradual de sensaciones. Normalmente, cuando se pierden los soportes externos de la identidad, uno se pierde, pero ahora estás aprendiendo a existir sin ningún soporte.

d) Cuando las experiencias sensoriales se hayan extinguido casi por completo, lleva la conciencia al tiglé azul de la derecha. Éste es el período en el cual todas las experiencias sensoriales cesan. Todo está muy tranquilo en todos los sentidos y prácticamente no hay ningún contacto con el mundo exterior.

e) Por último, cuando el cuerpo entra completamente en el dormir y ya se ha perdido todo contacto con los sentidos del cuerpo, la conciencia se fusiona por completo con el tiglé central de color azul blanquecino. Llegado este punto, si tienes éxito, el tiglé no será realmente un objeto de la conciencia; no visualizarás una luz azul ni definirás la experiencia por la ubicación. En lugar de eso, serás la luz clara en sí misma, y permanecerás así mientras duermes.

Fíjate en que estas cinco etapas no hacen referencia a las apariencias internas, mentales, sino al cese gradual de las experiencias sensoriales. Normalmente la persona pasa por este proceso de forma inconsciente, pero con esta práctica el proceso tiene lugar en la conciencia. Los pasos del proceso no deberían estar demarcados con claridad. Mientras la consciencia se retira de los sentidos, deja que la conciencia pase suavemente por los tiglés hasta que sólo quede la conciencia no dual: la luz clara del tiglé central. Esto es como si el cuerpo entrara en el dormir en un descenso en espiral mientras tú entras en la luz clara en un descenso en espiral. En lugar de apoyarte en decisiones conceptuales para pasar de un tiglé al siguiente, y en lugar de intentar hacer que el proceso ocurra, deja que la intención desarrolle el proceso en la experiencia.

Si despiertas por completo en medio de la práctica, vuelve a empezar. No es necesario que seas demasiado rígido con la forma. No importa si el proceso se desarrolla rápida o lentamente. Para algunas personas, quedarse dormidas lleva tiempo, mientras que otras se quedan dormidas nada más apoyar la cabeza sobre la almohada. Ambos grupos pasan por la misma transición. Una aguja pasa casi instantáneamente a través de una pila de cinco alas de mariposa, pero aun así hay cinco momentos en los que pasa por cada una de ellas. No seas demasiado analítico respecto a qué etapa es cuál, ni te esfuerces excesivamente en dividir el proceso perfectamente en cinco partes. La visualización es sólo un apoyo para la conciencia en el inicio. La esencia de la práctica debe ser comprendida y aplicada en lugar de perderla en los detalles.

En mi propia experiencia, he descubierto que la práctica también es efectiva cuando los tiglés se siguen en la dirección opuesta. Uno puede visualizar el tiglé amarillo delante, representando la tierra; el tiglé azul a la derecha, representando el agua; el tiglé rojo atrás, representando el fuego; el tiglé verde a la izquierda, representando el aire, y por último el tiglé azul blanquecino en el centro, representando el espacio. Esta secuencia es similar a la secuencia en la cual los elementos se desvanecen en la muerte. Puedes experimentar para determinar qué secuencia funciona mejor para ti.

Al igual que en la práctica de los sueños, es mejor despertar tres veces durante la noche, espaciándolas en intervalos de aproximadamente dos horas. Cuando alguien ya tiene experiencia, puede utilizar los momentos naturales de despertar por la noche en lugar de usar tres períodos programados. Repite la misma práctica en cada uno de los períodos de vigilia. Cada vez que despiertes, examina la experiencia del dormir de la que acabas de despertar: ¿No tuviste ninguna conciencia y, por lo tanto, experimentaste el dormir de la ignorancia? ¿Soñaste, perdido en el sueño samsárico? ¿O estuviste en la luz clara, permaneciendo en la conciencia pura no dual?

4

El tiglé

El tiglé tiene muchas definiciones distintas y cada una de ellas es apropiada en diferentes contextos. En el contexto de esta práctica, el tiglé es una pequeña esfera de luz que representa unas cualidades particulares de la consciencia, o en el caso del tiglé central, a rigpa pura. Aunque en última instancia la conciencia debe ser estable sin apoyarse en ningún objeto, hasta que esa capacidad sea desarrollada, la luz es un soporte bastante útil. La luz es luminosa y clara, y aunque todavía está en el mundo de la forma, es menos sustancial que cualquier otra forma perceptible. La visualización de los tiglés es un puente, una muleta que sirve hasta que el practicante ya puede abandonar incluso la luz perceptible y permanecer en la conciencia sin imágenes, vacía, en la luminosidad que es la esencia de la luz.

Cuando se visualiza el tiglé en los cuatro pétalos azules en el chakra del corazón, no es necesario intentar determinar el sitio anatómico exacto. Lo que es importante es percibir el centro del cuerpo en el área del corazón. Utiliza la conciencia y la imaginación para encontrar el lugar adecuado, el lugar en el que hay una experiencia real.

Los colores de los tiglés no han sido escogidos al azar. El color afecta a la cualidad de la consciencia, y las luces coloreadas tienen la finalidad de evocar ciertas cualidades que deben ser integradas en la práctica, de una manera similar a la forma en que los chackras, colores y sílabas específicos crean una progresión en el yoga de los sueños. Podemos experimentar las diferentes cualidades mientras vamos pasando de un tiglé a otro (amarillo, verde, rojo, azul) en la medida en que nos permitamos ser sensibles a las diferencias.

Ésta no es una práctica de transformación en la que transformamos nuestra identidad, ya que en el yoga del dormir renunciamos del todo a la identidad. La finalidad no es permanecer con una visualización, como podría serlo en una práctica tántrica, pero la mente necesita algo de lo que agarrarse y si no tiene la luz, se agarrará de otra cosa.

Antes de tener experiencia con rigpa, es difícil imaginar cómo podemos mantenernos conscientes sin que haya un sujeto o un objeto que podamos percibir. Normalmente la consciencia requiere de un objeto, y eso es lo que queremos decir cuando decimos que la consciencia es «sostenida» por una forma o un atributo. Las prácticas en las que el objeto visualizado o la identidad subjetiva se desvanecen enseñan al practicante a permanecer consciente mientras los soportes dualistas para la consciencia desaparecen. Nos preparan para el yoga del dormir, pero no son como el yoga de dormir en sí mismo. Incluso la «práctica» es un soporte, y en el yoga del dormir no hay ningún soporte y ninguna práctica: el yoga se logra realizar o no se logra, mientras la mente que se apoya en el soporte se desvanece en la base.

5

El progreso

Normalmente cuando uno conduce por una ruta conocida, se pierde la consciencia del presente. Incluso durante un recorrido diario que dura cuarenta y cinco minutos o una hora, nada es visto realmente con una conciencia fuerte. El conductor está en piloto automático, perdido en sus pensamientos acerca del trabajo, o en fantasías sobre las vacaciones, o en preocupaciones por las cuentas que debe pagar, o en los planes para la familia.

Entonces uno se convierte en un practicante y decide permanecer lo más presente posible durante el camino a casa, para utilizar ese tiempo como una oportunidad de fortalecer la mente para la práctica. Esto es muy difícil de hacer debido al condicionamiento que tenemos. La mente divaga sin parar. El practicante la hace regresar (a la sensación del volante, al color del césped que está junto a la carretera), pero esto sólo dura unos minutos y luego la actividad de la mente vuelve a acaparar la atención.

Lo mismo ocurre con la práctica de la meditación. Centramos la mente en la imagen de una deidad, o en la *A*, o en la respiración, y un minuto más tarde ésta vuelve a divagar. Puede llevar mucho tiempo, incluso años, lograr mantener la presencia continuamente durante media hora.

Cuando se inicia la práctica de los sueños, ésta sigue una progresión similar. La mayoría de los sueños son períodos de absoluta distracción y olvidamos el sueño casi tan rápidamente como ha ocurrido. Con la práctica surgen momentos de lucidez, los cuales van aumentando de forma gradual hasta llegar a ser minutos prolongados de presencia lúcida en el sueño. Pero incluso entonces podemos perder la lucidez, una vez más, en el siguiente sueño, o incluso puede estar ausente. Se logra un progreso, que es innegable y reconocible, pero son necesarias la diligencia y una firme intención para conseguirlo.

Desarrollar la práctica del dormir suele ser incluso un proceso más lento. Si después de un período prolongado de práctica no hay ningún progreso (no hay un aumento de la presencia o cambios positivos reconocibles en la vida), lo mejor es no aceptar ese estado de las cosas. En lugar de eso, realiza prácticas de purificación, examina y sana los compromisos rotos (samaya) o trabaja con el prana y la energía del cuerpo. Es posible que tengas que realizar también otras prácticas para eliminar obstáculos y para que sirvan como base para la realización de los yogas de los sueños y del dormir.

El practicante es como una viña que sólo puede crecer ahí donde hay un soporte. Las circunstancias externas tienen una gran influencia en la calidad de vida, así que intenta pasar tiempo en ambientes y con personas que apoyen la práctica en lugar de restarles valor. También es beneficioso leer libros sobre el dharma, practicar la meditación con otras personas, recibir enseñanzas y asociarte con otros practicantes. Los practicantes tienen la responsabilidad de evaluar honestamente su práctica y los resultados. Si no lo hacen, fácilmente pueden pasar muchos años creyendo que están progresando cuando en realidad no está ocurriendo nada.

6

Los obstáculos

El yoga del dormir no es sólo una práctica para dormir. Es la práctica de permanecer continuamente en la conciencia no dual a lo largo de los cuatro estados de despertar, dormir, meditación y muerte. Así pues, los obstáculos que trataremos a continuación son en realidad un único obstáculo: el de ser alejados de la luz clara y llevados a la experiencia dualista, samsárica. Los obstáculos son:

1. Perder la presencia de la luz clara natural del día cuando los fenómenos sensoriales o mentales nos distraen.
2. Perder la presencia de la luz clara del dormir cuando los sueños nos distraen.
3. Perder la presencia de la luz clara de samadhi (durante la meditación) cuando los pensamientos nos distraen.
4. Perder la presencia de la luz clara de la muerte cuando las visiones del estado intermedio nos distraen.

1. Perder la presencia de la luz clara natural del día. El obstáculo durante la vida de vigilia son las apariencias externas. Nos perdemos en las experiencias, las visiones, de los objetos sensoriales. Llega un sonido y nos aleja, llega un aroma y nos perdemos soñando despiertos con pan recién horneado, el viento acaricia el pelo de nuestro cuello y perdemos la conciencia sin centro de rigpa y nos convertimos en un sujeto que experimenta una sensación. Si permanecemos en la claridad de rigpa, la experiencia es distinta. Surge un sonido, pero estamos conectados al silencio que hay en él y no perdemos la presencia. Una visión pasa delante de nosotros, pero estamos anclados en la quietud y permanecemos en la mente inmóvil. La manera de superar el obstáculo de las apariencias externas es desarrollando la estabilidad en la luz clara natural.

La luz clara natural es la luz clara del día, igual que la luz clara de la noche. Si conocemos la luz clara del día, también podemos encontrar la luz clara mientras dormimos. La práctica consiste en conectar la luz clara natural de la vida de vigilia con la luz clara del dormir y la luz clara de samadhi hasta que permanezcamos continuamente en la rigpa pura.

2. *Perder la presencia de la luz clara del dormir.* El obstáculo para realizar la luz clara del dormir son los sueños. Cuando surge un sueño, reaccionamos a él dualísticamente y entramos en la ficción de ser un sujeto en un mundo de objetos. Es algo semejante al primer obstáculo, sólo que ahora es interno en lugar de externo. Decimos que las imágenes ocultan la luz clara; sin embargo, no es que el sueño realmente oculte la claridad, sino que nos distrae de la claridad. Por este motivo, al inicio de la práctica rezamos para no tener el dormir de la ignorancia o el dormir de los sueños. Cuando hemos desarrollado la estabilidad suficiente, el sueño ya no nos distrae y el resultado es el sueño de la luz clara.

3. *Perder la presencia de la luz clara de samadhi.* La luz clara de samadhi es la luz clara meditativa o la luz clara de la consciencia. Esto es rigpa durante la práctica de la meditación. Los pensamientos son el oscurecimiento de la luz clara de samadhi en las primeras etapas de la práctica. Cuando se desarrolla la estabilidad en rigpa durante la práctica, entonces podemos aprender a integrar el pensamiento con rigpa. Hasta entonces, cuando surge un pensamiento, nos apegamos a él o lo empujamos y nos distraemos de rigpa.

Esto no debería tomarse como una indicación de que sólo podemos encontrar la luz clara meditativa después de muchos años de práctica. Hay muchos momentos en la vida en los que podemos hallar la luz clara natural; de hecho, podemos hallarla en cualquier momento. La clave es si te la presentan y si puedes reconocerla.

4. *Perder la presencia de la luz clara de la muerte.* La luz clara de la muerte es ocultada por las visiones del bardo. La claridad de rigpa se pierde cuando somos distraídos por las visiones que surgen después de la muerte y entramos en una relación dualista con ellas. Como en el caso de los otros tres obstáculos, esta pérdida no tiene por qué ocurrir si hay una estabilidad suficiente en la luz clara.

   El bardo no tiene por qué ocultar la luz clara de la muerte. Los pensamientos no tienen por qué oscurecer la luz clara de samadhi. Los sueños no tienen por qué oscurecer la luz clara del dormir. Los objetos externos no tienen por qué oscurecer la clara luz natural.

Si somos engañados por estos cuatro obstáculos, no pasaremos del samsara; sólo volveremos a caer en las trampas samsáricas. Si hemos logrado realizar las prácticas del dormir y de los sueños, sabremos cómo convertir estos oscurecimientos en el camino.

La práctica del dormir no es sólo para dormir, sino que es la práctica de integrar todos los momentos (el despertar y el dormir, el soñar y el bardo) con la luz clara. Cuando esto se logra, el resultado es la liberación. En la presencia de rigpa pueden surgir experiencias místicas y conocimientos, así como pensamientos, sentimientos y percepciones. Cuando lo hagan, permite que se autoliberen espontáneamente, desvaneciéndose en el vacío, sin dejar ningún rastro kármico. Todas las experiencias son, entonces, directas, inmediatas, vívidas y satisfactorias.

7

Prácticas de refuerzo

A continuación tenemos unas breves descripciones de prácticas, la mayoría de ellas recomendaciones del Tantra Madre, *que refuerzan la práctica principal del dormir.*

El maestro

Para reforzar la práctica del dormir, uno debe generar una devoción más intensa a su propia naturaleza verdadera. Imagina al maestro en la coronilla de la cabeza y desarrolla la conexión y devoción. La conexión con el maestro puede ser muy pura, basada en la devoción pura. Cuando imagines al maestro, debes ir un poco más allá de visualizar una imagen: genera una fuerte devoción y siente realmente su presencia. Reza con fuerza y sinceridad. Luego haz que el maestro se desvanezca en una luz que entra por tu coronilla y desciende hasta tu corazón. Imagina que el maestro permanece ahí, en tu centro del corazón, y luego duérmete.

La cercanía que sientes con el maestro es en realidad la cercanía que sientes con tu propia naturaleza. Éste es el apoyo del lama.

La dakini

En una flor de loto radiante en el corazón, sentada sobre un disco solar que descansa sobre el loto, se encuentra la dakini Salgye Du Dalma. Ella es clara, translúcida y luminosa, como una luz intensa. Siente su presencia intensamente, siente su compasión y su protección. Ella está protegiéndote, ayudándote y guiándote. Es una aliada en la que puedes confiar sin reservas. Es la esencia de la luz clara, tu meta, la iluminación. Genera amor por ella, y confianza y respeto. Ella es la iluminación que llega con la realización. Duérmete mientras te concentras en ella y le rezas.

El comportamiento

Ve a un lugar tranquilo donde no haya otras personas. Cubre tu cuerpo con cenizas. Come alimentos más pesados que ayuden a superar los trastornos del viento. Luego da saltos alocadamente, expresando cualquier cosa que tengas dentro, dejando que salga todo aquello que te bloquea o te distrae. No hay nadie cerca, así que si lo necesitas, puedes explotar. Deja que esta catarsis te limpie y te relaje. Deja salir todas tus tensiones con tus movimientos. Con gran fervor, reza al maestro, al yidam, a la dakini y al árbol de refugio; reza intensamente, pidiendo tener la experiencia de la luz clara. Luego duerme dentro de esa experiencia de despertar.

La oración

Si no has tenido las experiencias de la luz clara del día, de la meditación y del dormir, reza para obtener esos resultados una y otra vez. Es fácil olvidar el simple poder que tienen el deseo y la oración. Pensamos que la oración debe ser algo extraordinario, dirigido a algún poder externo increíble, pero ése no es el caso. Lo importante es sentir intensamente la intención y el deseo en la oración, y poner todo el corazón en ello.

Originalmente, quizás, cuando las personas se deseaban las buenas noches o los buenos días, o un buen dormir, había algo de poder en esas palabras, algo de sentimiento. Hoy en día son simplemente frases habituales que pronunciamos de forma mecánica, con poco sentimiento o significado. Utilizamos las mismas palabras, las pronunciamos en el mismo tono, pero carecen de poder. Ten cuidado de no hacer lo mismo con la oración. Debes saber que la plegaria tiene poder, pero éste no está en las palabras; está en el sentimiento que pones en ella. Desarrolla la intención, haz que sea fuerte, e incorpórala a la oración.

Desvanecer

Realizar este ejercicio puede darte una idea de cómo debería ser la concentración en la práctica. Al inicio de la práctica, tenemos la luz y al que percibe la luz, pero la intención es unificar a los dos.

Relájate por completo. Cierra los ojos e inicia una visualización precisa del riglé de color azul blanquecino, de más o menos el tamaño de una huella digital, en el centro del corazón. Lentamente, deja que se vaya expandiendo y se haga más difuso. Es bueno ver la luz del tiglé, pero es más importante sentirla. Deja que la luz irradie desde tu corazón. Cuando la hermosa luz azul brilla, todo lo que toca se desvanece. Desvanece la habitación en la que te encuentras, la casa, la ciudad, el estado y el país. Desvanece cada parte del mundo, del sistema solar y del universo entero. Cada punto que la mente toque (ya sea un lugar, una persona, una cosa, un pensamiento, una imagen o un sentimiento) se desvanece. Los tres mundos del deseo, la forma y lo informe se desvanecen. Cuando todo lo externo se haya desvanecido en la luz, permite que la luz venga a ti. Deja que desvanezca tu cuerpo, de manera que éste se convierta en luz azul y se fusione con la luz azul que lo rodea. Haz que todos los problemas de tu vida se desvanezcan. Fúndete con la luz. Conviértete en la luz. Ahora no hay nada interior o exterior, no hay un tú y un no tú. No hay una sensación de un mundo o un yo sustanciales. Sólo existe la luminosidad en el espacio del corazón, que ahora es espacio extendido. La experiencia continúa surgiendo, pero debes dejar que cualquier cosa que surja se desvanezca de forma espontánea en la luz azul. Deja que esto ocurra sin esfuerzo. Sólo hay luz. Luego, lentamente, haz que incluso la luz se desvanezca en el espacio.

Aquí es donde deberías permanecer mientras duermes.

Expandir y contraer

Ésta es una práctica similar, pero más formal, cuyo objetivo es reforzar el yoga del dormir. Visualiza miles de *HUNG*s saliendo de ambos orificios nasales con la espiración. Se originan en el corazón y viajan por los

La sílaba tibetana HUNG

canales para salir de los orificios nasales con la respiración. Mientras se esparcen, difundiéndose por todo el espacio y todas las dimensiones, hacen que todo aquello con lo que se encuentran se desvanezca. Su luminosidad ilumina todo el espacio. Con la inspiración, la luz de los *HUNG*s regresa, iluminando y disolviendo el cuerpo y la mente hasta que ya no hay nada interior o exterior. Realiza esta visualización hasta que sólo exista la luz de los *HUNG*s que se expande y se contrae. Desvanécete en esta luz y permanece en el estado no dual. Haz esto durante veintiún respiraciones, o más, si puedes. Practica esto durante el día con tanta frecuencia como sea posible.

La mente nos engaña. Su principal trampa es identificarse como el sujeto y luego tomar todo lo demás para estar separada de ese sujeto. En esta práctica, todo lo que percibes como fuera de ti se desvanece en la espiración. La persona que percibe se desvanece en la inspiración. Tanto lo externo como lo interno se vuelven claros y luminosos y se fusionan tornándose indistinguibles. Siempre que la mente encuentre una puerta para escapar hacia la distracción, deja que la conciencia la siga con los *HUNG*s azules. Cuando la mente quiera agarrarse a un objeto, haz que éste se disuelva en la luz. Cuando la mente regrese y se fije en sí misma como un sujeto, entonces haz que eso se desvanezca también. Con el tiempo, incluso la sensación de solidez puede desvanecerse, la sensación de aquí y ahora, de objetos y sujetos, de cosas y entidades.

Generalmente se considera que esta práctica es una ayuda para generar la experiencia de luz clara, pero también es útil para prolongar la experiencia una vez que ésta es conocida y para ayudar a la continuidad de la experiencia.

8

La integración

Una vez que conocemos a rigpa, todo en la vida debe ser integrado en ella. Ésa es la función de la práctica. La vida necesita adoptar alguna forma; si no le damos forma, adquirirá la forma que dicta el karma, y es posible que eso no nos guste mucho. Cuando la práctica se vaya integrando cada vez más en la vida, ocurrirán muchos cambios positivos.

La integración de la luz clara con los tres venenos

La luz clara debe ser integrada con los tres venenos principales: la ignorancia, el deseo y el odio.

El yoga del dormir se utiliza para integrar el primero, la ignorancia, con la luz clara.

Integrar el deseo con la luz clara se asemeja a descubrir la luz clara en el dormir. Cuando estamos perdidos en la oscuridad del sueño, la luz clara está oculta para nosotros. Cuando estamos perdidos en el deseo, también nuestra verdadera naturaleza está oculta, pero mientras que el dormir de la ignorancia lo oculta todo completamente, incluso el sentido del yo, el deseo oculta a rigpa sólo en determinadas situaciones. Crea una fuerte separación entre el sujeto y el objeto del deseo. El «desear» en sí mismo es un estrechamiento de la consciencia que surge de una sensación de carencia que se mantiene cuando no permanecemos en nuestra verdadera naturaleza. Aunque el deseo más puro es el anhelo de la totalidad y el logro de la realización plena de rigpa, dado que no conocemos directamente la naturaleza de la mente, el deseo se apega a otras cosas.

Si observamos directamente el deseo en lugar de quedarnos fijados en el objeto del deseo, éste se desvanece. Y si podemos permanecer en la presencia pura, el deseo, el sujeto que desea y el objeto del deseo se desvanecerán en su esencia vacua, revelando la luz clara.

Podemos utilizar, también, la satisfacción del deseo como un medio para la práctica. Hay gozo en la unión del vacío y la claridad. En la iconografía tibetana, esto es representado en las figuras de *yab yum*, las formas de las deidades masculinas y femeninas en unión. Estas formas representan la unidad no dual de la sabiduría y el método, el vacío y la claridad, el kunzhi y rigpa. El gozo de la unión está presente en cualquier unificación de aparentes dualidades, incluidos el sujeto que desea y el objeto deseado. En el momento en el que un deseo es satisfecho, éste cesa, y la aparente dualidad entre el sujeto que desea y el objeto del deseo se desmorona. Cuando esa dualidad se desmorona, la base (el kunzhi) está ahí, expuesta, aunque la fuerza de nuestros hábitos kármicos normalmente nos lleva al momento siguiente de dualidad, dejando un hueco en nuestra experiencia, casi una inconsciencia, en lugar de la experiencia de rigpa.

Por ejemplo, existe la práctica de la unión sexual entre el hombre y la mujer. Normalmente, nuestra experiencia del orgasmo es una experiencia de agradable ensoñación, casi de inconsciencia, una descarga del deseo y de la inquietud que se produce a través de la satisfacción del deseo. Pero podemos integrar esa dicha con la conciencia: si, en lugar de perdernos, mantenemos la conciencia plena sin dividir la experiencia en el sujeto observador y la experiencia que está siendo observada, podemos utilizar la situación para hallar lo sagrado. La mente móvil desaparece por un instante y revela la base vacía. Si integramos ese momento con la conciencia, tenemos esa integración del vacío y la dicha de la que tanto se habla, especialmente en las enseñanzas tántricas.

Hay muchas situaciones de ese tipo, en las que normalmente nos perdemos y que, en lugar de eso, podrían ser momentos en los que hallamos nuestra verdadera naturaleza. Y no sólo nos perdemos en el orgasmo o en el placer intenso. Incluso en los pequeños placeres solemos perder presencia y nos quedamos atados a los sentimientos o a los objetos del placer. En lugar de eso, podemos entrenarnos para que el placer mismo sea un recordatorio para volver a la conciencia plena, para traer la conciencia al momento presente, al cuerpo, a los sentidos, y soltar la distracción. Ésta es una manera de integrar el deseo con la luz clara y no se limita a ninguna categoría de la experiencia en particular; puede hacerse en cualquier situación dualista en la que haya un sujeto y un objeto. Cuando el placer se utiliza como una puerta de entrada a la práctica, el placer no se pierde; no es necesario que seamos antiplacer. Cuando el sujeto y el objeto se desvanecen en la luz clara, entonces experimentamos la unión del vacío y la claridad, y hay dicha.

El planteamiento para el odio o la aversión es similar. Si observamos la ira en lugar de participar en ella, o identificarnos con ella, o ser movidos por ella, entonces la obsesión dualista con el objeto de la ira cesa y la ira se desvanece en el vacío. Si mantenemos la presencia en ese vacío, entonces el sujeto también se desvanece. La presencia en ese espacio vacío es la luz clara.

Cuando hablamos de «observar en la presencia pura», no queremos decir que mantenemos un yo enojado, que observa el enojo, sino que somos rigpa, el espacio en el que el enojo está ocurriendo. Cuando lo observamos de esta forma, el enojo se desvanece en la esencia vacía. El lugar donde se desvanece es espacio. Ésa es la claridad. Pero sigue habiendo conciencia, presencia. Ésa es la luz. Ese vacío y esa presencia son integrados con el enojo porque el enojo ya no está ocultando la luz clara. Si observamos nuestros pensamientos de esta manera, y si el observador y lo observado desaparecen, entonces hay una cierta experiencia de rigpa.

El Dzogchen no es complicado. Los textos del Dzogchen suelen tener frases como «Soy tan simple que no puedes comprenderme. Estoy tan cerca de ti que no puedes verme». Cuando miramos hacia lo lejos, perdemos la conciencia de lo que está cerca. Cuando miramos hacia el futuro, perdemos el presente. Esto ocurre en todas las dimensiones de la experiencia.

Los tibetanos tienen un dicho: «Cuanto mayor sea la sabiduría que está presente, menos pensamientos habrá». Esto sugiere un proceso bidireccional. Cuando la práctica se vuelve clara y estable, los pensamientos dominan cada vez menos a la experiencia. A algunas personas esto les da miedo, pues temen que si renuncian al enojo, por ejemplo, ya no se ocuparán de las cosas que están mal en el mundo, como si necesitaran el enojo para motivarlas. Pero esto no tiene por qué ser así. Como practicantes, es importante que seamos responsables de nuestras vidas convencionales. Cuando pasan cosas malas, debemos hacernos cargo; cuando algo está mal, debemos corregirlo. Pero si no vemos nada malo, no tenemos que salir a buscarlo. En lugar de eso, debemos permanecer en nuestro estado natural. Si sentimos enojo, debemos trabajar con él. Pero si no lo sentimos, no nos estamos perdiendo nada importante.

Conozco muchas personas que dicen ser dzogchenpas, practicantes del Dzogchen, y estar integradas. Hay otro dicho tibetano que dice: «Cuando asciendo a lugares escarpados y difíciles en la frontera entre el Tíbet y Nepal, rezo a las Tres Joyas. Cuando desciendo a los hermosos valles llenos de flores, canto canciones». Es fácil decir que estamos integrados cuando las cosas van bien, pero cuando tenemos una fuerte crisis emocional, ésa es la verdadera prueba: ¿somos dzogchenpas o no? Hay una precisión en la práctica del Dzogchen. Podemos descubrir nosotros mismos cuán integrados estamos con la práctica simplemente prestando atención a la forma en que reaccionamos a las situaciones que se presentan en nuestras vidas. Cuando nos deja nuestra pareja, alguien a quien amamos profundamente, entonces, ¿a dónde se van las bellas palabras sobre la integración? Experimentamos dolor, pero incluso eso debe ser integrado.

La integración con los ciclos del tiempo

Tradicionalmente, se habla de una práctica en términos de visión, meditación y comportamiento. Esta sección trata sobre el comportamiento, el cual es descrito en relación a lo externo, lo interno y las unificaciones secretas con los períodos de tiempo.

Generalmente perdemos energía y presencia a medida que vamos avanzando a través del día. Cuando desarrollamos la práctica, en lugar de eso aprendemos a utilizar el paso del tiempo para avanzar hacia una experiencia más estable de la luz clara.

Unificación exterior: Integrar la luz clara con el ciclo de día y noche

Para los propósitos de esta práctica, el ciclo de veinticuatro horas de día y noche es divido en períodos que pueden ser utilizados como soportes para desarrollar la continuidad en la luz clara de la presencia pura. En el pasado, la gente seguía los horarios establecidos por el ciclo natural de día y noche, pero eso ya no ocurre. Si tu horario es distinto (por ejemplo, si trabajas de noche), entonces debes adaptar las enseñanzas a tu situación. Aunque la hora del día nos afecta energéticamente, no debemos creer que la posición del sol determina las experiencias que describen las enseñanzas. En lugar de eso, piensa en esos momentos del día como metáforas de los procesos internos. El *Tantra Madre* identifica los cuatro períodos de la siguiente manera:

1. Desvanecimiento de los fenómenos en la base.
2. La consciencia llega al nirvana.
3. Surgimiento de la conciencia innata en la consciencia.
4. Equiparar las dos verdades durante el estado de vigilia.

1. *Desvanecimiento de los fenómenos en la base.* Se considera que el primer período se encuentra entre la puesta de sol y la hora en que nos vamos a dormir por la noche. Durante este período, todo parece estar oscureciéndose. Los objetos sensoriales se hacen más borrosos y las experiencias sensoriales se reducen. Los órganos sensoriales internos disminuyen su poder. El *Tantra Madre* utiliza la metáfora de muchos ríos pequeños que van hacia el mar: los fenómenos externos, los sentidos, el yo convencional, los pensamientos, las emociones y la consciencia avanzan hacia su desvanecimiento en el dormir, en la base.

   Puedes usar la imaginación para experimentar este proceso durante la noche. En lugar de ir hacia la oscuridad, muévete hacia la gran luz de tu verdadera naturaleza. En lugar de estar fragmentado, extiéndete por los ríos y los afluentes de la experiencia, fluye hacia la totalidad de rigpa. Normalmente estamos conectados con los ríos, que se están vaciando, pero la práctica consiste en permanecer conectados al mar, a la base, que se está llenando. Todo está avanzando hacia el inmenso, sereno y radiante mar de la luz clara. Cuando se acerque la noche, fluye hacia la realización de la conciencia no dual, y no hacia la inconsciencia.

Éste es el primero de los cuatro períodos.

2. *La consciencia llega al nirvana.* El segundo período comienza cuando te quedas dormido y termina cuando despiertas por la mañana, tradicionalmente al amanecer. Imagina ese período, su silencio, su quietud. El texto dice que cuando todo se vuelve oscuro, surge una luz. Esto es similar a un retiro oscuro, el cual es muy oscuro cuando entras en él, pero pronto se llena de luz.

Intenta permanecer en la presencia mientras duermes, estando completamente integrado con la luz clara. Después que las apariencias externas, los pensamientos y los sentimientos se han desvanecido en la base, si permaneces en la presencia, es casi como si entraras en el *nirvana*, en el cual todas las experiencias samsáricas cesan. Está completamente vacío, pero sin embargo es la dicha. Cuando esto se realiza, es la unión de la dicha y el vacío. Esto es ver la luz en la oscuridad.

No es necesario esperar a estar dormido para tener una experiencia de la luz clara. Intenta permanecer en la luz clara antes de quedarte dormido. Incluso mientras trabajas con las visualizaciones del yoga del dormir, de ser posible, intenta permanecer en rigpa.

Éste es el segundo período, en el cual los sentidos y la consciencia son como un mandala del cielo despejado. Permanece en ese estado todo lo que sea posible hasta que llegue la mañana.

3. *Surgimiento de la conciencia innata en la consciencia.* El tercer período comienza cuando despiertas y continúa hasta que la mente está completamente activa. El texto dice que este período dura desde el alba hasta que sale el sol. Imagina la cualidad de ese momento: la primera luz tenue aparece en el cielo oscuro y se expande hacia la belleza del día. La quietud se llena con los sonidos de la actividad, de pájaros o de tráfico o de personas. Internamente, es el movimiento desde la quietud del dormir hasta la participación plena en la vida cotidiana.

Las enseñanzas recomiendan que te levantes muy temprano por la mañana. De ser posible, despiértate en la naturaleza de la mente en lugar de despertar en la mente convencional. Observa sin identificarte con el observador. Esto puede ser un poco más fácil en los primeros instantes del despertar, porque la mente conceptual todavía no está completamente despierta. Desarrolla la intención de despertar en la presencia pura.

4. *Equiparar las dos verdades durante el estado de vigilia.* El cuarto período se inicia cuando estás plenamente inmerso en el día y termina con la puesta del sol. Éste es el día, el tiempo para la actividad, para estar ocupado y relacionarte con otras personas. Es la inmersión total en el mundo, en las formas, en el lenguaje, los sentimientos, los aromas y demás. Los sentidos están plenamente activos y ocupados con sus objetos. Aun así, deberías tratar de mantenerte en la presencia pura de rigpa.

   Si te pierdes en la experiencia, dejas que el mundo te confunda, pero si permaneces en la naturaleza de la mente, descubrirás que no hay ninguna pregunta que deba ser planteada o respondida. Estar en la profunda presencia no dual satisface todas las preguntas. Saber esto acaba con todas las dudas.

   Éste es el cuarto período, en el cual la verdad convencional y la verdad última se igualan en la unidad de la claridad y el vacío.

Unificación interior: Integrar la luz clara con el ciclo del dormir

La progresión que se describe en esta sección es similar a la de la sección anterior. No obstante, en lugar de tratar sobre el ciclo de veinticuatro horas, se centra en desarrollar la continuidad de la presencia durante el ciclo de un período de vigilia y un período del dormir, tanto si se trata de una siesta como si se trata de la noche entera. Antes de irnos a dormir, debemos recordar que tenemos la oportunidad de practicar. Esto es algo positivo, algo que podemos hacer tanto para la práctica como para la salud. Si sentimos que la práctica se nos hace pesada, es mejor no hacerla hasta que surjan la inspiración y el esfuerzo gozoso.

Una vez más, tenemos cuatro períodos:

1. Antes de quedarnos dormidos.
2. Después de quedarnos dormidos.
3. Después de despertar y antes de implicarnos plenamente en las actividades mundanas.
4. El período de actividad hasta el siguiente período de dormir.

1. *Antes de quedarnos dormidos.* Este período abarca desde el momento en que nos acostamos hasta que nos quedamos dormidos. Todas las experiencias se están desvaneciendo en la base; los ríos fluyen hasta el mar.

2. *Después de quedarnos dormidos.* El *Tantra Madre* compara a este período con el dharmakaya, la luz clara. El mundo externo de los sentidos está vacío, pero la conciencia se mantiene.

3. *Después de derpertar.* La claridad está ahí, pero la mente que se aferra aún no ha despertado. Esto es como el samboghakaya perfeccionado, no sólo con vacío, sino también con claridad absoluta.

4. *El período de actividad.* Cuando la mente que se aferra entra en actividad, ese preciso instante es similar a la manifestación del nirmanakaya. Las actividades, los pensamientos y el mundo convencional «comienzan», pero la luz clara se mantiene. El mundo de la experiencia se manifiesta en la no dualidad de rigpa.

La unificación secreta: Integrar la luz clara con el bardo

Esta práctica tiene que ver con integrar la luz clara con el estado intermedio posterior a la muerte, el bardo. El proceso de la muerte es semejante al de quedarse dormido. Aquí está dividido en cuatro etapas similares a las de las secciones precedentes.

1. Desvanecer
2. Surgir
3. Experimentar
4. Integrar

1. *Desvanecer.* En la primera etapa de la muerte, cuando los elementos del cuerpo se empiezan a desintegrar, la experiencia sensorial se desvanece, las energías de los elementos internos se liberan, las emociones cesan, la fuerza vital y la consciencia se disipan.

2. *Surgir.* Este es el primer bardo después de la muerte, el bardo primordialmente puro (*kadag*). Esto es como el momento de quedarnos dormidos, que es normalmente un período de inconsciencia. En esta etapa, el yogui experto puede soltar todas las identidades dualistas y liberarse directamente en la luz clara.

3. *Experimentar.* Aquí surge el bardo de la experiencia visionaria, el bardo de la luz clara (*od-sal*). Esto se asemeja a salir de la vacuidad del dormir y entrar en un sueño, cuando la consciencia se manifiesta en varias formas. La mayoría de la gente se identifica con una parte de la experiencia, constituyendo un yo dualista, y reacciona de una forma dualista a los objetos aparentes de la consciencia, igual que en un sueño samsárico. En este bardo, también, el yogui preparado y experto puede alcanzar la liberación.

4. *Integrar.* A continuación, tenemos el bardo de la existencia (*si-pé-bardo*). El practicante preparado unifica la realidad convencional con la rigpa no dual. Ésta es, una vez más, la equiparación de dos verdades, la convencional y la absoluta. Si esta capacidad no ha sido desarrollada, la persona se identifica con el yo convencional ilusorio y se relaciona de una forma dualista con las proyecciones de la mente que conforman la experiencia visionaria. El resultado es el renacimiento en uno de los seis reinos.

Estos cuatro períodos son etapas en el proceso de morir. Debemos estar conscientes en ellos para poder conectar con la luz clara. De ser posible, cuando nos aproximamos a la muerte, deberíamos permanecer en rigpa antes de que la experiencia sensorial se empiece a desvanecer. No esperes hasta que entres en el bardo. Cuando el oído ha desaparecido pero la visión se mantiene, por ejemplo, ésa es una señal de que debemos estar totalmente presentes y no dejarnos distraer por los otros sentidos. Permítete entrar completamente en rigpa; ésta es la mejor preparación para lo que vendrá.

Todas las prácticas de los sueños y del dormir son, en algún nivel, una preparación para la muerte. La muerte es una encrucijada: todo aquel que muere va a un lugar u otro. Lo que ocurra dependerá de la estabilidad en la práctica, si uno es capaz de permanecer plenamente en rigpa o no. Incluso en una muerte repentina como la que podría ocurrir en un accidente automovilístico, siempre hay un momento en el que, aunque sea difícil, reconocemos que la muerte ha llegado. Inmediatamente después de ese reconocimiento, debemos tratar de integrarnos con la naturaleza de la mente.

Muchas personas han tenido experiencias cercanas a la muerte y dicen que, después de esa experiencia, han perdido el miedo a la muerte. Esto se debe a que han vivido ese momento, lo conocen. Cuando pensamos en el momento de la muerte, no estamos viviendo la realidad, sino que estamos en una fantasía que contiene más miedo que el momento real de la muerte. Cuando ese temor desaparece, nos resulta más fácil integrarnos con la práctica.

Las tres unificaciones: Conclusión

Estas tres situaciones (el ciclo del día de veinticuatro horas, el ciclo del dormir y el despertar, y el proceso de la muerte) siguen una secuencia similar. Primero está el desvanecimiento; luego el dharmakaya, el vacío; luego el samboghakaya, la claridad; luego el nirmanakaya, la manifestación. El principio es siempre permanecer en la presencia no dual. La división de los procesos, como en los yogas de los sueños y del dormir, es simplemente para que sea más fácil llevar nuestra conciencia a los momentos que transcurren, para darnos algo en lo que enfocarnos y para entrenarnos para usar las experiencias inevitables como un soporte para la práctica de la presencia pura.

El comportamiento está relacionado con el proceso externo del tiempo. No hay ninguna pausa para el estado natural de la mente a menos que nos separemos del él. Para poder conectar todas las experiencias con la práctica, debes estar consciente. Ciertamente, las circunstancias secundarias pueden ser útiles para la práctica y ése es el motivo por el cual el tiempo es introducido como una circunstancia secundaria. Las primeras horas de la mañana nos ayudan, o el día después de haber pasado la noche sin dormir, o cuando estamos agotados, o cuando estamos completamente descansados. Hay muchos momentos que son propicios para la integración, como el momento de liberación que sentimos cuando realmente tenemos ganas de ir al baño y vamos, o la experiencia del orgasmo, o cuando estamos absolutamente agotados por estar cargando algo pesado y luego lo dejamos en el suelo y descansamos. Incluso cada exhalación durante la respiración es un apoyo para la experiencia de rigpa si lo hacemos conscientemente. Hay muchos momentos en los que estamos parcialmente agotados y parcialmente despiertos. Debemos llevarnos a nosotros mismos hacia aquello que está siempre despierto; entonces podemos despertar aquello que está agotado y dormido. Cuando nos identificamos con algo que se cansa y se queda dormido, entonces la vigilia queda oculta. Pero las nubes jamás podrán ocultar de verdad la luz del sol, sólo el que está percibiéndolo puede hacerlo.

9

Continuidad

Dado que habitualmente nos identificamos con las fabricaciones de la mente, no podemos hallar la luz clara mientras dormimos. Por ese mismo motivo, nuestra vida de vigilia es distraída, de ensueño y confusa. En lugar de experimentar la rigpa prístina, no dual, nos quedamos atrapados en las experiencias de fantasías y proyecciones mentales.

La conciencia, sin embargo, es continua. Incluso cuando estamos dormidos, si alguien pronuncia suavemente nuestro nombre, lo oímos y respondemos. Y durante el día, incluso cuando estamos más distraídos, seguimos estando conscientes de nuestro entorno; no caemos perdiendo el sentido ni tropezamos con las paredes. En este sentido, la presencia siempre está ahí, pero la conciencia, aunque es constante, está borrosa y oscurecida. Si durante la noche atravesamos los oscurecimientos de la ignorancia, entramos en la radiante luz clara y permanecemos ahí. Y si atravesamos las ilusiones y las confusas fantasías de la mente móvil durante la vida de vigilia, encontramos la misma conciencia pura subyacente de la naturaleza búdica. La distracción de nuestra vida cotidiana y la inconsciencia al dormir son dos caras de la misma ignorancia.

Los únicos límites de la práctica son los que nosotros creamos. Es mejor no dividir la práctica en períodos de meditar, soñar, dormir, etc. En último término, debemos permanecer completamente en rigpa en todo momento, estando despiertos y estando dormidos. Hasta entonces, la práctica debería aplicarse en todo momento. No es que tengamos que realizar todas las prácticas que aprendemos. Puedes experimentar con las prácticas, intentar comprender cuál es la esencia y el método de cada una de ellas, y luego descubrir cuáles contribuyen a tu desarrollo y realizarlas hasta lograr la estabilidad en rigpa. Los componentes de las prácticas son provisionales. La posición del cuerpo, las preparaciones, las visualizaciones, e incluso el dormir, no son importantes una vez que uno conoce directamente la luz clara y permanece en ella. La experiencia de la luz clara se alcanza a través de las particularidades de cada práctica, pero una vez que se ha alcanzado ya no es necesario realizar la práctica. Sólo existe la luz clara.

PARTE SEIS

DETALLES ADICIONALES

Lo que viene a continuación son comentarios adicionales, relevantes tanto para el yoga de los sueños como para el yoga del dormir, para ayudar a una mejor comprensión de la práctica.

1

El contexto

En el tantra y el Dzogchen, la conexión entre el estudiante y el profesor es sumamente importante. El alumno debe recibir la transmisión y la instrucción impartida por el profesor y luego desarrollar alguna estabilidad en rigpa. Sin esto, las distinciones fundamentales para el camino espiritual son difíciles de entender porque siguen siendo conceptuales. La naturaleza de la mente está más allá de los conceptos. Sin una comprensión intelectual, es difícil desarrollar la experiencia, pero sin experiencia, es posible que las enseñanzas se conviertan, para el practicante, únicamente en una filosofía abstracta o en un dogma. Esto sería como aprender conceptos de medicina pero no reconocer nuestra propia enfermedad; si el conocimiento no se utiliza, es inútil. No sirve de nada limitarse a pensar que uno está en rigpa o que uno conoce la luz clara. Conocer y permanecer en la visión no es solamente pensar y hablar sobre las enseñanzas, sino vivir realmente en la experiencia a la que éstas apuntan. El practicante aprende lo que es rigpa permaneciendo en rigpa, y descubre la sabiduría que está más allá de la mente conceptual descubriendo que esa sabiduría es su propia naturaleza.

No obstante, una correcta comprensión intelectual del contexto de los yogas de los sueños y del dormir ayuda al practicante a permanecer centrado en la práctica, evitar los errores y prepararse para reconocer los frutos de la práctica. Con una comprensión clara, el practicante puede verificar su experiencia con las enseñanzas y evitar el error de confundir alguna otra experiencia con rigpa. Pero finalmente estas experiencias deberían ser verificadas con las enseñanzas orales impartidas por el profesor a lo largo de la relación, incluso si los encuentros entre el estudiante y él son poco frecuentes.

2

Mente y rigpa

La liberación de la ignorancia y el sufrimiento tiene lugar cuando reconocemos nuestra verdadera naturaleza y permanecemos en ella. Pero lo que la reconoce no es la mente conceptual, sino la mente fundamental, la naturaleza de la mente, rigpa. Nuestra tarea necesaria es distinguir, en la práctica, entre la mente conceptual y la conciencia pura de la naturaleza de la mente.

La mente conceptual

La mente conceptual o móvil es la mente conocida de la experiencia cotidiana, continuamente ocupada con pensamientos, recuerdos, imágenes, diálogos internos, juicios, significados, emociones y fantasías. Es la mente que normalmente identificamos como «yo» y «mi experiencia». Su dinámica fundamental es la participación en una visión dualista de la existencia. Ella se considera un sujeto en un mundo de objetos. Se aferra a algunas partes de la experiencia y aleja a otras. Es reactiva, a veces salvajemente, pero incluso cuando está sumamente tranquila y es sutil (por ejemplo, durante la meditación o la concentración intensa), mantiene la postura interior de una entidad que observa su entorno y continúa participando en la dualidad.

La mente conceptual no está limitada al lenguaje y las ideas. El lenguaje, con sus sustantivos y verbos, sujetos y objetos, está necesariamente sujeto a la dualidad, pero la mente conceptual está activa en nosotros antes de la adquisición del lenguaje. En cierto sentido, los animales tienen una mente conceptual, al igual que los niños y aquellos que nacen sin la capacidad para el lenguaje. La mente conceptual es el resultado de las tendencias kármicas habituales que están presentes antes de que desarrollemos un sentido del yo, incluso antes de que nazcamos. Su característica esencial es que instintivamente divide dualistamente las experiencias, empezando por sujeto y objeto, yo y no-yo.

El *Tantra Madre* se refiere a esta mente como la «mente de la manifestación activa». Es la mente que surge dependiendo del movimiento del prana kármico y se manifiesta en forma de pensamientos, conceptos y otras actividades mentales. Si la mente conceptual llega a estar completamente serena, se desvanece en la naturaleza de la mente y no vuelve a surgir hasta que la actividad la reconstituye.

Las actividades de la mente móvil son virtuosas, no virtuosas o neutras. Las acciones virtuosas albergan la experiencia de la naturaleza de la mente, las acciones neutras alteran la conexión con la naturaleza de la mente y las acciones no virtuosas crean más alteraciones y producen una mayor desconexión. Las enseñanzas entran en detalles acerca de las distinciones entre los actos virtuosos y no virtuosos como la generosidad y la avaricia y demás. Ésta, sin embargo, es la distinción más clara: algunos actos producen una mayor conexión con rigpa y otros conducen a la desconexión.

El ego amarrado por la dualidad de sujeto y objeto surge de la mente móvil. Todo sufrimiento surge de esta mente. La mente conceptual trabaja muy duro y esto es lo que consigue. Vivimos inmersos en recuerdos del pasado y fantasías del futuro, desconectados de la experiencia directa de la luminosidad y la belleza de la vida.

La conciencia no dual: Rigpa

La realidad fundamental de la mente es la conciencia pura, no dual: rigpa. Su esencia es una con la esencia de todo lo que existe. En la práctica, no debe ser confundido ni siquiera con los estados más sutiles, más serenos y más expansivos de la mente móvil. La naturaleza de la mente, si no es reconocida, se manifiesta como la mente móvil, pero cuando es conocida de una forma directa es, a la vez, el camino hacia la liberación y la liberación misma.

Las enseñanzas Dzogchen suelen utilizar un espejo para simbolizar a rigpa. Un espejo refleja todo sin elección, preferencia o juicio. Refleja lo bello y lo feo, lo grande y lo pequeño, lo virtuoso y lo no virtuoso. No hay límites o restricciones a lo que puede reflejar, pero el espejo permanece impoluto y no es afectado por lo que se refleja en él. Y tampoco deja de reflejar.

De una forma similar, todos los fenómenos de la experiencia surgen en rigpa: los pensamientos, las emociones, la codicia y lo codiciado, todos los aparentes sujetos y objetos, y todas las experiencias. La mente conceptual también surge en rigpa y permanece en rigpa. La vida y la muerte tienen lugar en la naturaleza de la mente, pero ésta no nace ni muere, de la misma manera que los reflejos van y vienen sin crear o destruir el espejo. Al identificarnos con la mente conceptual, vivimos como uno de los reflejos en el espejo, reaccionando a los otros reflejos, sufriendo confusión y dolor, viviendo y muriendo una y otra vez. Confundimos los reflejos con la realidad y nos pasamos la vida persiguiendo ilusiones.

Cuando la mente conceptual está libre de la avidez y la aversión, se relaja espontáneamente en rigpa. Entonces ya no hay una identificación con el reflejo en el espejo y podemos acoger todo lo que surge en la experiencia, apreciando cada momento. Si surge el odio, el espejo está lleno de odio. Si surge el amor, el espejo está lleno de amor. Para el espejo ni el amor ni el odio son importantes: ambos son en igual medida una manifestación de su capacidad innata de reflejar. Esto se conoce como la sabiduría del espejo; cuando reconocemos la naturaleza de la mente y desarrollamos la capacidad de permanecer en ella, ningún estado emocional nos distrae. En lugar de eso, todos los estados y todos los fenómenos, incluso la ira, los celos, etc., son liberados en la pureza y la claridad que es su esencia. Permaneciendo en rigpa cortamos el karma de raíz y somos liberados de la esclavitud de samsara.

Estabilizarnos en rigpa también hace que nos resulte más fácil realizar todas las otras aspiraciones espirituales. Es más fácil practicar la virtud cuando estamos libres del apego y la sensación de carencia, es más fácil practicar la compasión cuando no estamos obsesionados con nosotros mismos, es más fácil practicar la transformación cuando no estamos apegados a unas identidades falsas y limitadas.

El *Tantra Madre* se refiere a la mente natural como la «mente primordial». Es como el océano, mientras que la mente ordinaria es como los ríos, los lagos y los arroyos que comparten la naturaleza del océano y regresan a él, pero existen temporalmente como cuerpos de agua aparentemente distintos. La mente móvil también se compara a unas burbujas en el océano de la mente primordial que están constantemente formándose y deshaciéndose, dependiendo de la fuerza de los vientos kármicos. Pero la naturaleza del océano no cambia.

Rigpa surge espontáneamente de la base. Su actividad es la manifestación incesante; todos los fenómenos surgen en ella sin alterarla. El resultado de permanecer plenamente en la naturaleza de la mente es los tres cuerpos (kayas) del buda: el dharmakaya, que es esencia sin pensamientos; el sambhogakaya, que es manifestación incesante; y el nirmanakaya, que es actividad compasiva no ilusa.

Rigpa de la base y rigpa del camino

En el contexto de la práctica se definen dos tipos de rigpa. Aunque se trata únicamente de una división conceptual, ayuda en la instrucción. El primer tipo, la rigpa de la base, es la conciencia fundacional dominante de la base (*khyab-rig*). Todo ser que tiene una mente tiene esta conciencia (tanto los budas como los seres samsáricos) ya que todas las mentes surgen de esta conciencia.

El segundo tipo es la conciencia innata del camino (*sam-rig*), que es la experiencia de la persona de la conciencia dominante. Se denomina rigpa del camino porque se refiere a la experiencia directa de rigpa que tienen los yoguis cuando inician la práctica de Dzogchen y reciben la introducción, la iniciación y la transmisión. Es decir, no se realiza en la experiencia hasta que el practicante es introducido a ella.

El potencial para la rigpa del camino se encuentra en el hecho de que nuestras mentes surgen de la conciencia primordial de la base. Cuando conocemos de una forma directa la conciencia primordial, la llamamos conciencia innata, y ésa es la rigpa del camino que conoce el yogui. En este contexto, nos referimos a la conciencia pura primordial como rigpa, y a la rigpa que surge en el camino como *rang-rig*. La primera es como la crema y la segunda es como la mantequilla, en el sentido de que están hechas de la misma sustancia pero hay que hacer algo para producir la mantequilla. Ésta es la rigpa que surge, o la rigpa del camino, porque entramos en ella, luego la dejamos y volvemos a caer en la mente móvil. Es intermitente en nuestra experiencia. Pero rigpa siempre está presente (la rigpa de la base primordial *es* la presencia, y no surge ni cesa), tanto si la reconocemos como si no.

3

La base: Kunzhi

Kunzhi, la base de toda la existencia, de la materia y de las mentes de los seres sensibles es la unidad inseparable del vacío y la claridad. Los dos son llamados también *luz* y *clara*, y constituyen la misma luz clara del yoga de los sueños. (El kunzhi en las enseñanzas Dozgchen no es sinónimo del kunzhi de la escuela sútrica *Cittamatra*, en la cual el kunzhi o *alayavijnana* describe una consciencia mental que no ha despertado y que contiene todas las categorías del pensamiento y los rastros kármicos).

La esencia de kunzhi es el vacío (*sunyata*). Es el espacio ilimitado y absoluto, y carece de entidades, existencia inherente, conceptos y límites. Es el espacio vacío que parece ser exterior a nosotros, el espacio vacío en el que habitan los objetos y el espacio vacío de la mente. Kunzhi no tiene interior ni exterior, no se puede decir que exista (porque no es nada), ni que no exista (porque es la realidad misma). Es ilimitado, no puede ser destruido o creado, no ha nacido y no morirá. El lenguaje utilizado para describirlo es necesariamente paradójico, ya que kunzhi está más allá de la dualidad y del concepto. Cualquier construcción lingüística que intente comprenderlo ya está errada y sólo puede apuntar a aquello que no puede abarcar.

El aspecto de claridad o de luz en kunzhi, en el nivel de la persona, es rigpa, conciencia pura. El kunzhi es semejante al cielo, pero no es igual al cielo, que carece de conciencia, porque kunzhi es, al mismo tiempo, conciencia y vacío. Con esto no estoy sugiriendo que kunzhi es un sujeto consciente «de» algo, sino que la conciencia es el vacío. El vacío es la claridad y la claridad es el vacío. No hay sujeto ni objeto en kunzhi, ni ninguna otra dualidad o distinción.

Cuando el sol se pone por la tarde, decimos que ha llegado la oscuridad. Ésa es la oscuridad desde el punto de vista del que la percibe. El espacio siempre es claro y omnipresente, no cambia cuando el sol sale o se pone; no hay un espacio oscuro y un espacio claro. Sólo es oscuro o claro para nosotros, los que lo percibimos. La oscuridad tiene lugar en el espacio, pero no afecta al espacio. Cuando encendemos la lámpara de la conciencia, el espacio de kunzhi, la base, se ilumina para nosotros, pero kunzhi nunca estuvo oscuro. La oscuridad fue el resultado de los oscurecimientos; nuestra conciencia estaba atrapada en la oscuridad de la mente ignorante.

Mente y materia

Kunzhi es la esencia tanto de la mente como de la materia, por lo tanto, ¿por qué la materia no tiene conciencia? ¿Por qué los seres sensibles pueden llegar a la iluminación y la materia no? En el Dzogchen explicamos esto utilizando un cristal y un pedazo de carbón: el cristal representa a la mente y el carbón representa a la materia.

Cuando brilla el sol, el carbón no puede irradiar su luz, ni siquiera estando inmerso en ella. No tiene la capacidad de hacerlo, de la misma manera en que la materia no tiene la capacidad reflexiva de la conciencia innata. Pero cuando la luz del sol llega al cristal, éste la refleja porque tiene la capacidad innata de hacerlo; es su naturaleza. Esta capacidad se manifiesta como un despliegue de luz de múltiples tonos. Asimismo, los seres sensibles tienen la capacidad de la conciencia innata. La mente de un ser sensible refleja la luz de la conciencia primordial y su potencial se muestra en las proyecciones de la mente o en la luz pura de rigpa.

4

El conocimiento

En el budismo sútrico se enseña que la persona común no puede conocer el vacío a través de la percepción directa, sino que debe apoyarse en la cognición deductiva. Hoy en día, e históricamente, hay una gran discusión en las tradiciones sútricas acerca de cómo emplear la cognición deductiva y la razón para el reconocimiento del vacío, pero se habla muy poco del reconocimiento de la naturaleza de la mente a través de los sentidos. En el Sutra, únicamente el yogui que ha alcanzado el tercer camino, el camino de la visión, tiene una percepción yóguica directa del vacío, y en ese momento ya no se le categoriza como un ser ordinario.

El Dzogchen tiene una visión distinta. Las enseñanzas nos dicen que el vacío y la claridad de la naturaleza de la mente no sólo pueden ser comprendidos directamente a través de los sentidos, sino que además es más fácil y más válido utilizar los sentidos en esta tarea espiritual que usar la mente conceptual. Los sentidos son las puertas inmediatas de la percepción directa, la cual, antes de ser captada por la mente conceptual, está muy cerca de la conciencia pura. Algunos comentarios sútricos critican al Dzogchen diciendo que sus practicantes están demasiado absortos en las visiones de la luz, unas visiones que incluso los seres ordinarios pueden tener. Pero así es como debe ser; la naturaleza de la mente que estamos reconociendo existe en todos los seres.

Con frecuencia, al apoyarnos en el intelecto para la comprensión, nos quedamos satisfechos con los conceptos. Al oír ciertas palabras, podemos estar condicionados a dar por sentado que entendemos lo que quieren decir sin haber tenido jamás una experiencia directa de lo que la palabra indica. En lugar de apoyarnos en la comprensión directa de la verdad que está detrás del concepto, consultamos los modelos conceptuales que hemos construido de aquello que deseamos entender. Esto hace que nos resulte fácil permanecer perdidos en la mente móvil; es como confundir el mapa con el territorio o el dedo que señala a la luna con la luna misma. Aunque podemos acabar obteniendo una excelente descripción de la verdad, también podemos acabar no pudiendo vivir en esa verdad.

La naturaleza de la mente puede ser experimentada a través de la consciencia del sentido de la vista, la consciencia del sentido del oído, la consciencia del sentido del olfato, y así sucesivamente. Vemos a través de los ojos, pero nuestros ojos no están viendo. Oímos a través de los oídos, pero los oídos no están oyendo. De igual manera, la naturaleza de la mente puede ser experimentada a través de la consciencia del sentido de la vista, pero la que la está experimentando no es esa consciencia.

Algo similar ocurre con todas las percepciones directas. La forma que es percibida por la consciencia del sentido de la vista y la forma que la mente conceptual cree que la consciencia del sentido de la vista ha percibido son dos cosas distintas. La forma que es captada directamente por la consciencia del sentido de la vista está más cerca de la realidad fundamental que el modelado de esa percepción que tiene lugar en la mente conceptual. La mente conceptual es incapaz de tener una percepción directa; solamente reconoce las cosas a través de imágenes mentales proyectadas y a través del lenguaje, el cual es en sí mismo inferencial.

Por ejemplo, la consciencia del sentido de la vista ve el fenómeno que llamamos «mesa», pero lo que percibe no es una «mesa», sino una experiencia sensorial vívida de luz y color. La mente conceptual no percibe directamente los fenómenos puros y vitales que conforman la experiencia de la consciencia del sentido de la vista. En lugar de eso, crea una imagen mental de lo que la consciencia de la vista experimenta. Afirma estar viendo una mesa, pero lo que ve es una imagen mental de la mesa. Éste es el punto crítico en el cual la mente conceptual y la percepción directa difieren. Cuando los ojos están cerrados, la «mesa» ya no puede ser percibida directamente, y ese conjunto de fenómenos ya no forma parte de la experiencia del presente sensorial inmediato, pero la mente conceptual todavía puede proyectar una imagen de la mesa, la cual no será igual al fenómeno percibido directamente. La mente conceptual no necesita permanecer orientada en el presente sensorial, pero puede existir en sus propias invenciones.

Esta capacidad de la mente conceptual de modelar la experiencia directa, aunque tiene un valor incalculable para nosotros los humanos, es la causa de uno de los obstáculos más insistentes en la práctica. Antes y después de la experiencia directa de la naturaleza de la mente, la mente convencional intenta conceptualizar la experiencia. De la misma manera en que la experiencia de rigpa, inicialmente, es ensombrecida por las formas, los pensamientos y la relación dualista con los fenómenos de la experiencia, así también la conceptualización de rigpa se convierte en una barrera. Entonces podemos pensar que conocemos la naturaleza de la mente cuando en realidad sólo estamos experimentando una relación con el concepto.

Esto no quiere decir que la experiencia sensorial directa sea, en sí misma, la naturaleza de la mente. Incluso con una percepción muy pura tendemos a identificarnos sutilmente con un sujeto que percibe, y la experiencia sigue siendo dualista. Pero en el primer momento de contacto entre la conciencia y el objeto de los sentidos, la naturaleza pura de la mente está ahí. Cuando somos sorprendidos repentinamente, por ejemplo, hay un momento en el que todos nuestros sentidos están abiertos; no nos hemos identificado como el que experimenta ni con la experiencia. Normalmente ese momento es una especie de inconsciencia, porque la burda mente móvil con la que nos identificamos ha sido sorprendida y, sólo por ese instante, ha entrado en la quietud. Pero si permanecemos en la conciencia de ese momento, no hay alguien que percibe ni algo percibido, sólo existe la percepción pura: no hay ningún pensamiento, ningún proceso mental, ninguna reacción por parte de un sujeto al estímulo de un objeto. Sólo hay una conciencia no dual, abierta. Ésa es la naturaleza de la mente. Eso es rigpa.

5

Reconocer la claridad y el vacío

La experiencia de la conciencia no dual de rigpa es maravillosa. Es la liberación del incansable esfuerzo de la mente samsárica. No es una paz insulsa, sino todo lo contrario. Es vigilia pura. Es luz abierta, radiante y gozosa. Cuando ya no estamos preocupados con las búsquedas egocéntricas basadas en las inseguridades del yo ilusorio y sus deseos y aversiones, el mundo se presenta en la pureza del estado natural en un despliegue de belleza vívido y prístino. Para el practicante que está estable en rigpa, todas las experiencias surgen como una ornamentación de la naturaleza de la mente, en lugar de hacerlo como un problema o una ilusión.

Pero reconocer a rigpa no es como tomar una droga o tener algún tipo de experiencia elevada. No es algo que uno encuentra realizando una acción o alterándose. No es un trance ni una visión extravagante ni una luz cegadora. Es lo que ya tenemos, lo que ya somos. Cuando hay expectativa acerca de rigpa, entonces no puede ser hallada. La expectativa tiene que ver con la fantasía; miramos más allá de lo que ya está presente. ¿Qué podemos esperar del vacío? Nada. Si hay expectativa, a continuación sólo habrá frustración.

La experiencia del vacío es como la experiencia del espacio. En el reconocimiento directo del espacio, el reconocimiento en sí mismo es luminosidad. Eso es rigpa. No conocer esto es *ma-rigpa*, ignorancia, nuestra mente samsárica. El espacio es una buena analogía porque no hay nada a lo que hacer referencia en el espacio. Tiene valor aunque no es nada: en él podemos construir una estupa o una casa. Podemos construir cualquier cosa si hay espacio para hacerlo. El espacio es potencialidad pura. No hay arriba o abajo, dentro o fuera, fronteras o limitaciones. Todas ésas son cualidades que conceptualizamos en el espacio, pero no son cualidades del espacio en sí mismo. Hay poco que podamos decir acerca del espacio, de manera que normalmente lo describimos en términos de lo que no es. Es lo mismo que ocurre con el vacío: aunque es la esencia de todo lo que existe, nada puede ser afirmado acerca de él porque está más allá de toda cualidad, atributo o referencia.

No hay nada más que lo que está presente en este momento, dondequiera que estemos, independientemente de lo que estemos haciendo. Mira hacia arriba: la esencia vacua está ahí mismo. Mira hacia la izquierda, hacia la derecha, hacia atrás, hacia dentro: la esencia vacua está ahí. Rigpa, la naturaleza de nuestra propia mente, conoce la esencia y es ella. En ocasiones sentimos un fuerte deseo de tener una experiencia espiritual. Eso es bueno; podemos generar compasión, visualizar, practicar la generosidad o realizar muchas otras prácticas. Podemos trabajar con el aspecto conceptual del camino o desarrollar ciertas cualidades en nosotros mismos. Pero no se puede trabajar con rigpa. Si no conocemos la base en la que estamos en este instante, entonces no podremos hallarla hasta que dejemos de buscarla.

En un nivel, la ilusión no existe y nunca ha existido. La base de todo es pura y lo ha sido siempre. Esta toma de consciencia directa siempre es accesible, pero es desconocida para la persona. Cuando entramos en el camino, intentamos obtener este conocimiento, pero intentar tiene que ver con el pensamiento y el esfuerzo, y en cierto sentido, el intentar, el pensamiento y el esfuerzo van en contra del descubrimiento de rigpa. Hallamos a rigpa cuando no hacemos ningún esfuerzo, ni siquiera el esfuerzo de ser un yo. Rigpa es la ausencia total de esfuerzo, no ha sido fabricada y es espontáneamente perfecta. Es la quietud en la que tiene lugar la actividad, el silencio en el que aparece el sonido, el espacio sin pensamientos en el que surge un pensamiento. Tener que hacer un esfuerzo es el efecto kármico de la ignorancia: estamos pagando el karma de la ignorancia habitual intentando comprender. Pero rigpa está fuera del karma, es la conciencia de la base, y el karma tiene lugar en la base. Cuando reconocemos a rigpa y tomamos consciencia de ella, dejamos de identificarnos con la mente kármica.

Aquello que buscamos está más cerca de nosotros que nuestros propios pensamientos, que nuestra propia experiencia, porque la luz clara es la base de toda experiencia. Entonces, ¿qué queremos decir cuando nos referimos a la «experiencia de la luz clara»? En realidad no es una experiencia, en absoluto, sino que es más bien el espacio en el que tienen lugar la subjetividad y la experiencia del dormir, de los sueños y de vigilia. Dormimos y soñamos en la luminosidad de kunzhi, la esencia de la vigilia, en lugar de tener una experiencia de kunzhi en nosotros. Solamente desde nuestra perspectiva limitada podemos pensar que estamos teniendo una experiencia.

Cuando la mente móvil se desvanece en la conciencia pura de rigpa, vemos la luz que siempre ha estado ahí y nos damos cuenta de que ya lo somos. Entonces podemos pensar que es «nuestra experiencia», que es algo que hemos creado practicando, pero es el espacio en el que surge la experiencia reconociéndose a sí mismo. Éste es el hijo rigpa conociendo a la madre rigpa, es la conciencia pura conociéndose a sí misma.

Equilibrio

Normalmente se habla de la luz clara en términos positivos: vacío y claridad, o apertura y luminosidad. Aunque estos dos aspectos son una unidad que nunca ha estado separada, como una ayuda para la práctica pensamos en ellas como dos cualidades que deben ser equilibradas.

El vacío sin conciencia es como el dormir de la ignorancia: un vacío carente de experiencia, carente de todas las distinciones, entidades, etc., pero también carente de conciencia. La claridad sin vacío es como una agitación extrema en la cual los fenómenos de la experiencia son tomados por entidades sustanciales, físicas y mentales, que afectan a nuestra conciencia con la insistencia de un sueño febril. Durante la noche esto provoca insomnio. Ninguno de los extremos es bueno. Debemos equilibrar a ambos para que ni perdamos la conciencia ni nos quedemos atrapados en la ilusión de que lo que aparece en la conciencia es sólido y tiene una existencia independiente.

Rigpa nunca se pierde y nunca deja de ser rigpa. La base misma de nuestro ser es conciencia omnipresente, autoexistente, vacía y primordial, pero cada uno de nosotros debe preguntarse si conoce esta conciencia primordial de una forma directa o si se ha alejado de ella al ser distraído por el movimiento temporal de la mente. Y cada uno de nosotros debe responder por sí mismo; nadie puede darnos la respuesta.

Cuando estamos inmersos en los procesos interiores, no estamos en rigpa, porque rigpa no tiene ningún proceso. El proceso es una función de la mente móvil conceptual; en rigpa no hay esfuerzo.

Rigpa es como el cielo de la mañana: pura, expansiva, espaciosa, clara, despierta, fresca y serena. Aunque en realidad rigpa no tiene cualidades o atributos, éstas son las cualidades con las que las enseñanzas sugieren que el practicante debe comparar su experiencia.

6

El yo

La palabra *yo* ha sido definida de diferentes formas por las diversas religiones y filosofías desde la Antigüedad hasta el presenta. El budismo Bön pone un gran énfasis en la doctrina del no-yo o el vacío (sunyata), que es la verdad última de todos los fenómenos. Si no entendemos el vacío, es difícil arrancar de raíz al yo egoico y liberarnos de sus limitaciones.

Sin embargo, cuando leemos acerca del camino espiritual, leemos también acerca de la autoliberación y la autorrealización. Y ciertamente, da la impresión de que somos un yo. Podemos alegar para convencer a los demás de que no tenemos un yo, pero cuando nuestra vida se ve amenazada o cuando nos arrebatan algo, el yo que afirmábamos que no existía puede sentirse asustado o contrariado.

Según el budismo Bön, el yo convencional sí existe. De lo contrario, nadie crearía karma ni sufriría, y todos hallarían la liberación. Lo que no existe es el yo inherente. No tener un yo inherente quiere decir que no hay ninguna entidad básica individual que permanezca inmutable a lo largo del tiempo. Aunque la naturaleza de la mente no cambia, no debemos confundirla con una entidad individual, con un «yo», con un poco de conciencia indestructible que es «yo». La naturaleza de la mente no es la posesión de una persona y no es una persona. Es la naturaleza de la sensibilidad misma y es igual para todos los seres sensibles.

Remitámonos una vez más al ejemplo de los reflejos en el espejo. Si nos concentramos en los reflejos, podemos decir que existe este reflejo y este otro reflejo, señalando a dos imágenes distintas. Pueden hacerse más grandes y más pequeños, ir y venir, y podemos seguirlos en el espejo como si fueran seres individuales. Son como el yo convencional pero, sin embargo, los reflejos no son entidades individuales, sino que son un juego de la luz, ilusiones insustanciales en la luminosidad vacua del espejo. Existen como entidades individuales únicamente cuando las conceptualizamos como tales. Los reflejos son una manifestación de la naturaleza del espejo, de la misma manera en que el yo convencional es una manifestación que surge de la limpidez de la base de la existencia, kunzhi, y permanece y se desvanece en ella.

El yo convencional con el que normalmente te identificas y la mente móvil que le da origen son fluidos, dinámicos, provisionales, insustanciales, mutables, impermanentes y carentes de una existencia inherente, como los reflejos en el espejo. Esto lo puedes ver en tu propia vida si la examinas. Imagina que estás llenando formularios con información acerca de ti mismo. Escribes tu nombre, tu sexo, tu edad, tu dirección, tu empleo, tu estado civil y una descripción física. Haces unos tests que describen tus rasgos de personalidad y tu CI. Pones por escrito tus metas y tus sueños, tus creencias, pensamientos, valores y temores.

Ahora imagina que te quitan todas esas cosas. ¿Qué queda? Quita más cosas: tus amigos, tu casa, tu país y tu ropa. Pierdes la habilidad de hablar o pensar con el lenguaje. Pierdes tus recuerdos. Pierdes tus sentidos. ¿Dónde está tu yo? ¿Acaso es tu cuerpo? ¿Y si perdieras ambos brazos y ambas piernas, y vivieras con un corazón artificial y una máquina para respirar, y sufrieras daño cerebral y perdieras las funciones mentales? ¿En qué momento dejarías de ser un yo? Si continúas quitando capas de identidad y jerarquías de atributos, en algún momento ya no quedará nada.

Ya no eres el yo que eras cuando tenías un año, o diez años. Ni siquiera eres el yo que eras hace una hora. No hay nada que no cambie. Al morir, los últimos restos de lo que parecía ser un yo inalterable desaparecen. Cuando renaces, es posible que seas un tipo de ser completamente distinto, con un cuerpo diferente, otro sexo y una capacidad mental diferente. No es que no seas un individuo, obviamente lo eres, sino que todos los individuos carecen de una existencia inherente, independiente. El yo convencional es radicalmente contingente, pues existe como una creación momento-a-momento, como la corriente de pensamientos que surge de continuo en la claridad de la mente, o las incesantes manifestaciones de imágenes en el espejo. Los pensamientos existen como pensamientos, pero cuando son examinados en la meditación, se desvanecen en el vacío del cual surgieron. Lo mismo ocurre con el yo convencional: cuando es examinado en profundidad, queda demostrado que es tan sólo un concepto atribuido a una colección de hechos continuamente cambiantes y definidos de forma vaga. Y de la misma manera en que los pensamientos continúan surgiendo, también lo hacen nuestras identidades provisionales. Identificarte erróneamente con el yo convencional y considerarte un sujeto que está rodeado de objetos es la base de la visión dualista y es la raíz de la dicotomía en la que se funda el sufrimiento continuo de samsara.

7

La paradoja del yo sin esencia

Si la base del individuo es conciencia pura, vacía, ¿cómo puede existir un yo convencional y una mente móvil? He aquí un ejemplo basado en experiencias que todos tenemos: cuando soñamos, se manifiesta todo un mundo en el cual podemos tener cualquier tipo de experiencia. Durante el sueño, nos identificamos con un sujeto, pero hay otros seres, aparentemente separados de nosotros, que están teniendo sus propias experiencias y parecen ser tan reales como el yo que creemos ser nosotros. También hay un aparente mundo material: los suelos nos sostienen, nuestro cuerpo tiene sensaciones y podemos comer y tocar.

Cuando despertamos, nos damos cuenta de que el sueño sólo fue una proyección de nuestra mente. Tuvo lugar en nuestra mente y estaba hecho de la energía de nuestra mente. Pero estábamos absortos en él, reaccionando a las imágenes creadas por la mente como si fueran reales y estuvieran fuera de nosotros. Nuestra mente es capaz de crear un sueño y de identificarse con un ser al que coloca en el sueño, al mismo tiempo que no se identifica con los demás. Incluso podemos identificarnos con sujetos que son muy distintos de los que somos nosotros en nuestra vida cotidiana.

Como seres corrientes, ahora mismo nos estamos identificando, de la misma manera, con un yo convencional que también es una proyección de la mente. Nos relacionamos con aparentes objetos y entidades que son otras proyecciones de la mente. La base de la existencia (kunzhi) tiene la capacidad de manifestar todo lo que existe, incluso seres que se distraen de su propia naturaleza, de la misma manera en que nuestra mente puede proyectar seres que están aparentemente separados de nosotros en un sueño. Cuando despertamos, el sueño que es nuestro yo convencional se desvanece en el vacío puro y la claridad luminosa.

Palabras finales

Las prácticas de los sueños y del dormir no son prácticas comunes para los tibetanos. Normalmente no se transmiten a los practicantes jóvenes, ni tampoco se enseñan al público general. Pero las cosas han cambiado. Estoy enseñando estas cosas porque muchas personas en Occidente están interesadas en los sueños y en el soñar, y también en el trabajo con los sueños. Normalmente este interés es psicológico, pero espero que, al presentar estas enseñanzas, el trabajo con los sueños progrese y se convierta en algo más profundo. El trabajo psicológico con los sueños puede crear más felicidad en samsara y eso es bueno, pero si el objetivo es la realización plena, entonces hay que hacer algo más. Aquí es donde el yoga del dormir es particularmente importante, pues está en el corazón de la práctica de la Gran Perfección, Dzogchen, la cual podría resumirse de la siguiente manera: en cada momento de la vida (al estar despierto, soñando y durmiendo) permanece en la conciencia pura no dual. Ése es el camino seguro hacia la iluminación y el sendero que todos los maestros realizados han tomado. Ésta es la esencia del yoga del dormir.

¿Cómo puedes tener la experiencia de la luz clara? Creo que es importante reflexionar sobre esta pregunta, ya que tiene que ver con tu actitud hacia las enseñanzas. Todas las enseñanzas tienen una misma esencia. Me estoy refiriendo a rigpa, la luz clara. No importa cuánto aprendas, cuántos textos estudies, cuántas enseñanzas recibas, no habrás entendido lo más importante si no conoces esta única esencia. Los tibetanos tienen un dicho: «Puedes recibir tantas enseñanzas que tu cabeza se volverá plana por haber sido tocada por la vasija de la iniciación, pero si no conoces la esencia, nada cambiará».

Cuando uno no conoce de una forma directa la naturaleza de la mente, las enseñanzas son difíciles de comprender. Puede parecer que se refieren a algo imposible, porque la naturaleza de la mente está más allá de la mente conceptual y ésta no puede comprenderla. Intentar captar la naturaleza de la mente a través de conceptos es como tratar de entender la naturaleza del sol estudiando las sombras: se puede aprender algo, pero la esencia sigue siendo desconocida. Por este motivo la práctica es necesaria para ir más allá de la mente móvil y para conocer la naturaleza de la mente de una forma directa.

Algunas personas llegan a sentir la carga de todas las enseñanzas que han acumulado. Esto se basa en una comprensión errónea del camino. Continúa aprendiendo y recibiendo enseñanzas, pero desarrolla también una comprensión suficientemente profunda para poder tomar de ellas lo que de verdad te sirve. Cuando entiendes y aplicas las enseñanzas, ya no son una obligación. Son el camino hacia la libertad y solamente hay alegría al seguir ese camino. Sólo se sienten como una carga cuando uno se queda atascado en su forma sin comprender su finalidad. Es necesario aprender cómo concluir las enseñanzas, y esto no se logra mediante palabras o conceptos, sino con la experiencia.

Por otro lado, no debes permitirte quedarte atrapado en la práctica. ¿Qué significa esto? Si continúas practicando sin resultados, sin cambios positivos en tu vida, entonces la práctica no está funcionando. No creas que estás haciendo la práctica si te limitas a realizar los movimientos sin entender nada. Los rituales vacíos consiguen muy poco. Debes penetrar en la práctica con entendimiento, determinar qué es la esencia y cómo aplicarla.

El dharma realmente es flexible, pero eso no significa que debas desechar la tradición y crear el tuyo. Estas prácticas son poderosas y efectivas. Han sido el vehículo para que numerosas personas alcancen la liberación. Si la práctica no está funcionando, deberías experimentar para intentar descubrir cuál es su propósito. Lo mejor es consultar con tu maestro. Cuando entiendas las prácticas, hallarás también que la forma no es el problema; lo que debe ser perfeccionado es la aplicación de la forma. La práctica está ahí para ti, tú no estás para ella. Aprende la forma, entiende el propósito, aplícalo en la práctica y realiza el resultado.

¿Dónde concluyes finalmente la práctica? En el proceso de la muerte, en el estado intermedio, el bardo. El bardo posterior a la muerte es como un gran aeropuerto por el que todo el mundo debe pasar en sus viajes. Es la frontera entre samsara y nirvana. La capacidad de permanecer en la presencia no dual es el pasaporte que te permite entrar en el nirvana. Si nunca has experimentado la luz clara al dormir, es difícil que pases de samsara en el bardo; es como si un sueño espeso cubriera la luz clara, como si una manta gruesa de pensamientos cubriera a rigpa. Si puedes integrarte con la luz clara del dormir, entonces puedes integrarte con la luz clara de la muerte. Integrarte con la luz clara del dormir es como aprobar unos exámenes parciales; te está yendo bien y probablemente aprobarás el examen final que te harán en el bardo. Integrarte con la luz clara de la muerte significa encontrar a buda dentro de ti y ser capaz de darte cuenta, de una forma directa, que lo que surge es una apariencia sin esencia.

La presencia de rigpa continúa cuando pasamos de este mundo al otro, de manera que debes practicar experimentarla ahora para convertirte en ella y permanecer en ella. Ése es el camino, la continuidad de la claridad y la sabiduría incesante. Todos los seres que han alcanzado la iluminación y se han convertido en budas han atravesado la frontera y han entrado en la luz clara. Debes conocer esto para saber para qué te estás preparando. Intenta comprender el sentido de todas las enseñanzas, dónde estás y adónde vas. Entonces sabrás cómo aplicarlas, cuándo usar qué y cuáles van a ser los resultados. Las enseñanzas son como un mapa que puede decirte adónde ir, dónde encontrar lo que estás buscando. El mapa clarifica todo. Sin él puedes perderte.

Reza para conectar con la luz clara durante la muerte. Reza para que todos conecten con la naturaleza de la mente en el momento de su muerte. El poder de la oración es muy grande. Cuando rezas, se desarrolla la intención y aquello por lo que rezas avanza hacia la realización.

Todas las personas experimentan momentos de paz y de alegría. Si la luz clara te parece una meta distante, simplemente intenta de forma continuada mantener las experiencias positivas de paz y alegría. Quizás cuando recuerdes al maestro o a la dakini sientas alegría, o cuando contemples la belleza de la naturaleza surja la felicidad. Convierte el hecho de hacer esto en una práctica. Genera gratitud y aprecio en cada momento. La luz clara es el pináculo de la experiencia mística, la dicha más grande y la mayor paz, así que toma la dicha y la paz como cualidades que debes mantener y como un soporte para desarrollar la continuidad de la conciencia. Siente estas cualidades en el cuerpo, contémplalas en el mundo y deséalas para los demás. Al hacer esto puedes desarrollar la conciencia al tiempo que generas compasión y cualidades positivas.

La continuidad es la clave para integrar la vida y la práctica. Con conciencia e intención se puede desarrollar la continuidad, y cuando lo hagas, tu vida será distinta y te convertirás en una influencia positiva en el mundo que te rodea.

Los yogas de los sueños y del dormir son métodos para reconocer la luz clara y permanecer en ella en todos los momentos de la vida: estando despierto, meditando, durmiendo y cuando llegue la muerte. Esencialmente, las enseñanzas están diseñadas para ayudarnos a reconocer la naturaleza de la mente, para comprender y superar los obstáculos en nuestra práctica, y para permanecer completamente en rigpa. Podemos utilizar los mismos métodos para permanecer en la alegría, para encontrar la paz en medio del alboroto del mundo, para vivir bien y para apreciar cada momento intenso de nuestra existencia humana.

Los grandes maestros han escrito que les llevó muchos años de práctica constante llegar a realizar el yoga del dormir, de manera que no te desanimes si no tienes ninguna experiencia la primera o la centésima vez que lo intentes. Obtendrás beneficios por el mero hecho de intentar realizar la práctica. Cualquier cosa que aporte una mayor conciencia a tu vida es beneficiosa. Realizar el objetivo requiere de una intención larga y sostenida y de mucha práctica. No te permitas desanimarte. Pon todo tu ser en la práctica; con una intención fuerte y un esfuerzo gozoso, sin duda descubrirás que tu vida empieza a cambiar de una forma positiva y, ciertamente, lograrás realizar las prácticas.

Espero que quienes hayan leído este libro descubran un nuevo conocimiento de los sueños y del dormir, un conocimiento que les ayude a mejorar su vida cotidiana y los conduzca a la iluminación.

Apéndice: Resumen de las prácticas del yoga de los sueños

Las cuatro prácticas fundamentales

Cambiar los rastros kármicos

A lo largo del día, mantén continuamente la conciencia de que toda experiencia es un sueño. Contempla todas las cosas como objetos en un sueño, todos los hechos como hechos en un sueño y a todas las personas como personas en un sueño. Visualiza tu propio cuerpo como un cuerpo transparente e ilusorio. Imagina que estás en un sueño lúcido durante todo el día. No permitas que estos recordatorios sean meras repeticiones vacías. Cada vez que te dices: «Esto es un sueño», realmente estás más lúcido. Involucra a tu cuerpo y tus sentidos en el acto de estar más presente.

Eliminar la avidez y la aversión

Enfrenta todas las cosas que crean deseo y apego como si fueran los fenómenos ilusorios, vacuos y luminosos de un sueño. Reconoce que tus reacciones a los fenómenos son un sueño: estás soñando todas las emociones, los juicios y las preferencias. Puedes estar seguro de que estás haciendo lo correcto si, inmediatamente después de recordar que tu reacción es un sueño, los deseos y los apegos disminuyen.

Fortalecer la intención

Antes de dormir, repasa el día y reflexiona sobre cómo ha sido la práctica. Deja que los recuerdos del día surjan y reconócelos como recuerdos de un sueño. Desarrolla una firme intención de estar consciente en los sueños que tengas esa noche. Pon todo tu corazón en esta intención y reza intensamente para tener éxito.

Cultivar la memoria y el esfuerzo gozoso

Empieza el día con la firme intención de mantener la práctica. Examina la noche anterior y siente felicidad si recuerdas tus sueños o si estuviste lúcido en ellos. Vuelve a comprometerte con la práctica, con la intención de llegar a estar lúcido si no lo conseguiste y de desarrollar aún más la lucidez si lo conseguiste. En cualquier momento durante el día o la noche, es bueno rezar pidiendo tener éxito en la práctica. Genera una intención lo más fuerte posible. Ésa es clave para la práctica.

Prácticas preparatorias antes de dormir

Las nueve respiraciones de purificación

Sentado en la postura de meditación antes de acostarte para dormir, haz las nueve respiraciones de purificación.

El yoga del gurú

Practica el yoga del gurú. Genera una fuerte devoción y luego fusiona tu mente con la conciencia pura del maestro, el maestro supremo que es la conciencia primordial, tu verdadera naturaleza.

Protección

Acuéstate en la postura correcta: los hombres sobre su lado derecho y las mujeres sobre su lado izquierdo. Visualiza a las dakinis rodeándote y protegiéndote. Utiliza la imaginación para transformar tu habitación en un ambiente protegido y sagrado. Suaviza la respiración y calma tu mente, observándola hasta que estés relajado y presente, no atrapado en historias y fantasías. Crea la firme intención de tener sueños vívidos y claros, de recordar tus sueños y de reconocer al sueño como tal mientras estás en él.

Las prácticas principales

Llevar la conciencia a los canales centrales

Ésta es la práctica de la primera guardia de la noche. Concéntrate en el centro de la garganta, en la *A* pura, translúcida y cristalina que está teñida de rojo por el color de los cuatro pétalos rojos sobre los que descansa. Fúndete con la luz roja.

Incrementar la claridad

Despierta aproximadamente dos horas más tarde. En la misma posición, practica la respiración siete veces. Concéntrate en el tiglé blanco en el chakra del entrecejo mientras que te vas quedando dormido. Permite que la luz blanca lo disuelva todo hasta que la luz y tú seáis uno.

Fortalecer la presencia

Transcurridas unas dos horas, vuelve a despertar. Acuéstate sobre una almohada alta con las piernas cruzadas ligeramente, en una posición cómoda. Concéntrate en el *HUNG* negro en el chakra del corazón. Respira profunda, plena y suavemente veintiuna veces. Fúndete con el *HUNG* negro y duérmete.

Desarrollar la ausencia de miedo

Cuando hayan transcurrido aproximadamente dos horas más, vuelve a despertar. No es necesaria ninguna postura o respiración en particular. Concéntrate en el tiglé negro y luminoso en el chakra secreto, detrás de los genitales. Duérmete mientras estás unido con la luz negra.

Cada vez que despiertes, trata de estar presente y estar con la práctica. Por la mañana, el último despertar de la noche, procura estar presente inmediatamente. Repasa lo ocurrido durante la noche, genera intenciones y continúa con la práctica durante el día.

De forma adicional, también es provechoso dedicar tiempo a realizar la práctica de permanecer en calma (zhiné) durante el día. Esto ayudará a hacer que la mente esté serena y centrada, y será beneficioso para todas las otras prácticas.

Lo más importante tanto en la preparación como en la práctica principal es mantener la presencia de la forma más constante posible a lo largo del día y de la noche. Ésta es la esencia de los yogas de los sueños y del dormir.

Glosario

bardo (tib., *bar do*; sct. *antarabhava*). Bardo significa «estado intermedio» y se refiere al estado de transición de la existencia –vida, meditación, sueño, muerte–, pero más comúnmente se refiere al estado entre la muerte y el renacimiento.

Bön (tib., *bon*). Bön es la tradición espiritual indígena del Tíbet que precede al budismo indio. Aunque los estudiosos no se ponen de acuerdo acerca del origen de Bön, la propia tradición afirma que tiene un linaje continuo de diecisiete mil años de antigüedad. Bön es similar a las sectas budistas tibetanas, especialmente la Nyingma, pero se distingue por tener una iconografía particular, una rica tradición chamánica y un linaje distinto que se remonta hasta el Buda Shenrab Miwoche en lugar de provenir de Shakyamuni Buda.

Los nueve vehículos de Bön contienen enseñanzas sobre temas prácticos, como gramática, astrología, medicina, pronósticos, la pacificación de los espíritus, etc., así como enseñanzas de lógica, epistemología, metafísica, los diferentes niveles de tantra y los linajes completos de la Gran Perfección (Dzogchen).

canal (tib., *tsa*; sct., *nadi*). Los canales son las «venas» en el sistema de circulación energética del cuerpo, a través de las cuales circulan las corrientes de energía sutil que sostienen y vivifican a la vida. Los canales en sí mismos son energéticos y no pueden ser hallados en la dimensión física. No obstante, mediante la práctica o la sensibilidad natural, las personas pueden percibir los canales a través de la experiencia.

chakra (tib., *khor-lo*; sct., *cakra*). Literalmente, «rueda» o «círculo». Chakra es una palabra del sánscrito que hace referencia a los centros energéticos del cuerpo. Un chakra es un lugar en el que se encuentran una serie de canales (*tsa*) energéticos. Diferentes sistemas de meditación trabajan con diferentes chakras.

chöd (tib., *gcod*). Literalmente, «cortar» o «cortar a través de». También se le conoce como «el uso conveniente del miedo» y «el cultivo de la generosidad». Chöd es una práctica ritual que tiene como objeto eliminar todo apego al propio cuerpo y al ego mediante el ofrecimiento compasivo de todo lo que uno es a otros seres. Con este fin, en la práctica se realiza una elaborada evocación de varios tipos de seres y luego el practicante debe cortar imaginariamente su propio cuerpo y convertirlo en objetos y sustancias para la ofrenda. En chöd se utilizan cantos melodiosos, tambores, campanas y cornetas, y generalmente se practica en lugares que producen miedo como osarios, cementerios y desfiladeros remotos.

dakini (tib., *mkha' gro ma*). El equivalente tibetano de dakini es *khadroma*, que significa literalmente viajera del cielo. «Cielo» hace referencia al vacío y la dakini viaja en ese vacío; es decir, ella actúa con plena consciencia del vacío, de la realidad absoluta. Una dakini puede ser una mujer humana que ha tomado consciencia de su verdadera naturaleza, o una hembra no humana o diosa, o una manifestación directa de la mente iluminada. Dakini también hace referencia a una clase de seres que nacen en el reino puro de las dakinis.

dharma (tib., *chos*). Dharma es un término muy amplio y tiene muchos significados. En el contexto de este libro, dharma son las enseñanzas espirituales que fundamentalmente proceden de los budas y también el camino espiritual en sí mismo. Dharma, además, significa existencia.

dharmakaya (tib., *chos sku*). Se dice que un buda posee tres cuerpos (*kaya*): *dharmakaya, sambhogakaya* y *nirmanakaya*. El dharmakaya, que suele traducirse como el «cuerpo de la verdad», hace referencia a la naturaleza absoluta del buda, la cual comparten todos los budas y que es idéntica a la naturaleza absoluta de todo lo que existe: el vacío. El dharmakaya es no dual, carente de conceptualidad y libre de toda característica. (*Véase también sambhogakaya* y *nirmanakaya*).

Dzogchen (tib., *rdzogs chen*). La «gran perfección» o «gran realización». Se considera que Dzogchen es la enseñanza y la práctica más elevada tanto en la tradición Bön como en la escuela Nyingma del budismo tibetano. Su principio fundamental es que la realidad, incluida la persona, ya está completa y es perfecta, que nada necesita ser transformado (como en el *tantra*) y que no hay que renunciar a nada (como en el *Sutra*), sólo hay que reconocer las cosas como lo que verdaderamente son. La práctica esencial de Dzogchen es la «autoliberación»: dejar que todo lo que surja en la experiencia exista tal como es, sin ninguna elaboración de la mente conceptual, sin avidez o aversión.

gong-ter (tib., *gong gter*). En la cultura tibetana existe la tradición de las *termas*: objetos sagrados, textos o enseñanzas que los maestros de una era ocultaron para el beneficio de la era futura en la que las termas son halladas. Los maestros tántricos que descubren termas son conocidos como *tertones*, aquellos que encuentran tesoros. Las termas han sido halladas y pueden ser halladas en lugares físicos como cuervas o cementerios; en elementos como agua, madera, tierra o espacio; o recibidas en sueños o en experiencias visionarias, y pueden ser halladas de una forma directa en niveles de consciencia profundos. El último caso se conoce como gong-ter: tesoro de la mente.

guardianes (tib., *srung ma/ chos skyong*; sct., *dharmapala*). Los guardianes son seres, machos o hembras, que están obligados a proteger el dharma (las enseñanzas) y a los practicantes de las enseñanzas. Pueden ser protectores mundanos o manifestaciones iracundas de seres iluminados. Los practicantes del tantra generalmente propician a los guardianes asociados a su linaje y se apoyan en ellos.

jalus (tib., *'ja lus*). El «cuerpo de arcoíris». La señal de la realización plena en Dzogchen es la consecución del cuerpo de arcoíris. El practicante de Dzogchen realizado, que ya no está bajo el engaño de la sustancialidad aparente o de dualidades como mente y materia, libera la energía de los elementos que componen el cuerpo físico en el momento de la muerte. El cuerpo mismo se desvanece, dejando únicamente pelo y uñas, y el practicante entra conscientemente en la muerte.

karma (tib., *las*). Karma significa, literalmente, «acción», pero más ampliamente se refiere a la ley de causa y efecto. Cualquier acción física, verbal o mental que realicemos sirve como una «semilla» que dará el «fruto» de sus consecuencias en el futuro cuando las condiciones sean las adecuadas para su realización. Las acciones positivas tienen efectos positivos como la felicidad; las acciones negativas tienen efectos negativos como la infelicidad. Karma no significa que la vida está determinada, sino que las condiciones surgen de nuestras acciones del pasado.

kunzhi (tib., *kun gzhi*). En la tradición Bön, el kunzhi es la base de todo lo que existe, incluyendo a la persona. Kunzhi no es sinónimo del *alaya vijnana* de Yogacara, que es más parecido al kunzhi namshe (*véase* abajo). El kunzhi es la unión del vacío y la claridad, de la absoluta indeterminación abierta de la realidad última y el incesante despliegue de la apariencia y la conciencia. El kunzhi es la base o el fundamento del ser.

kunzhi namshe (tib., *kun gzhi rnam shes*; sct. *alaya vijñana*). El kunzhi namshe es la consciencia básica de la persona. Es el «repositorio» o el «almacén» en el que se guardan los rastros kármicos, de los cuales surgen las experiencias futuras condicionadas.

lama (tib., *bla ma*; sct. *guru*). *Lama* significa literalmente «la madre suprema». *Lama* hace referencia a un maestro espiritual que tiene una importancia insuperable para el estudiante practicante. En la tradición tibetana, el lama es considerado incluso más importante que el buda, porque el lama es el que da vida a las enseñanzas para el estudiante. En un nivel máximo, el lama es su propia naturaleza búdica. En el nivel relativo, el lama es el maestro personal de uno.

loka (tib., *'jig rten*). Literalmente, «mundo» o «sistema de mundos». El término se utiliza comúnmente en inglés para referirse a los seis reinos de la existencia cíclica, pero en realidad se refiere a los sistemas de mundos mayores, uno de los cuales está ocupado por los seis reinos. (*Véase seis reinos de la existencia cíclica*).

lung (tib., *rlung*, sct. *vayu*). Lung es la energía vital del aliento, comúnmente conocida en Occidente por uno de sus nombres sánscritos: *prana*. Lung tiene una amplia gama de significados, pero en el contexto de este libro se refiere a la energía vital de la que dependen la vitalidad del cuerpo y la consciencia.

ma-rigpa (tib., *ma rig pa*; sct. *avidya*). La ignorancia. La falta de conocimiento de la verdad, de la base, de kunzhi. Normalmente se describen dos categorías de Ma-rigpa: la ignorancia innata y la ignorancia cultural.

nirmanakaya (tib., *sprul sku*; sct. *nirmanakaya*). El nirmanakaya es el «cuerpo de emanación» del dharmakaya. Usualmente se refiere a la manifestación física, visible, de un buda. El término también es resonante con la dimensión de lo físico.

prana (*véase lung*).

rastro kármico (tib., *bag chags*). Cada acción (física, verbal o mental) llevada a cabo por alguien se realiza con intención, e incluso la más mínima aversión o el más mínimo deseo deja un rastro en la mente de esa persona. La acumulación de estos rastros kármicos sirve para condicionar cada experiencia de esa persona de una forma positiva y negativa.

rigpa (tib., *rig pa*; sct. *vidya*). Literalmente, «conciencia» o «conocimiento». En las enseñanzas Dzogchen, rigpa significa conciencia de la verdad, conciencia innata, la verdadera naturaleza de la persona.

rinpoche (tib., *rin po che*). Literalmente, «El precioso». Un título honorífico utilizado ampliamente cuando alguien se dirige a un lama encarnado.

samaya (tib., *dam tshig*; sct. *samaya*). Compromiso o voto. Comúnmente, es el compromiso que hace el practicante en relación a la práctica tántrica en lo referente a comportamientos y actos. Hay votos generales y votos específicos para prácticas tántricas concretas.

sambhogakaya (tib., *longs sku*; sct. *sambhogakaya*). El «cuerpo de disfrute» del buda. El sambhogakaya es un cuerpo hecho enteramente de luz. Esta forma suele visualizarse en las prácticas tántricas y sútricas. En Dzogchen se visualiza con más frecuencia la imagen del dharmakaya.

Samsara (tib., *'khor ba*). El reino del sufrimiento que surge de la mente obstruida, dualista, donde todas las entidades son impermanentes, carecen de una existencia inherente, y donde todos los seres sensibles están sujetos al sufrimiento. Samsara incluye a los seis reinos de la existencia cíclica, pero se refiere más ampliamente al modo de existencia característico de los seres sensibles que sufren al estar atrapados en las ilusiones de la ignorancia y la dualidad. Samsara acaba cuando un ser logra la liberación plena de la ignorancia: el nirvana.

seis reinos de la existencia cíclica (tib., *rigs drug*). Comúnmente llamados «los seis reinos» o «los seis lokas». Los seis reinos hacen referencia a las seis clases de seres: dioses, semidioses, humanos, animales, espíritus hambrientos y seres del infierno. Los seres en los seis reinos están sujetos al sufrimiento. Éstos son reinos literales en los cuales nacen seres y también son amplias franjas experienciales y emocionales de experiencias potenciales que dan forma a la experiencia y la limitan, incluso en nuestra vida actual.

Shenla Odker (tib., *gShen lHa 'od dkar*). Senla Odker es la forma sambhogakaya de Shenrab Miwoche, el buda que fundó la tradición Bön.

Shenrab Miwoche (tib., *gShen rab mi bo che*). Shenrab Miwoche fue el buda nirmanakaya que fundó Bön y tradicionalmente se cree que vivió hace diecisiete mil años. Hay quince volúmenes de la biografía de Shenrab Miwoche en la literatura Bön.

sutra (tib., *mdo*). Los sutras son textos compuestos de enseñanzas que provienen directamente del Buda histórico. Las enseñanzas del Sutra se basen en el camino de la renuncia y forman la base de la vida monástica.

tantra (tib., *rgyud*). Los tantras son enseñanzas de los budas, al igual que los sutras, pero muchos tantras fueron redescubiertos por yoguis de la tradición de las termas. Los tantras se basan en el camino de la transformación e incluyen prácticas como trabajar con la energía del cuerpo, la transferencia de la consciencia, los yogas de los sueños y del dormir, etc. Ciertos tipos de tantras, del camino de la transformación no gradual, también pueden contener enseñanzas sobre el Dzogchen.

Tapihritsa (tib., *ta pi hri tsa*). Aunque es considerado una persona histórica, Tapihritsa es representado iconográficamente como un buda dharmakaya, desnudo y sin ornamentos, personificando la realidad absoluta. Él es uno de los dos maestros principales en el linaje Dzogchen del Zhang Zhung Nyan Gyud.

tiglé (tib., *thig le*; sct. *bindu*). Tiglé tiene múltiples significados dependiendo del contexto. Aunque normalmente se traduce como «gota» o «punto seminal», en el contexto de los yogas de los sueños y del dormir, tiglé se refiere a una esfera radiante de luz que representa la cualidad de la consciencia y se utiliza como un punto de enfoque en la práctica de la meditación.

tres venenos principales. Éstos son la ignorancia, la aversión y el deseo, las tres aflicciones fundamentales que perpetúan la continuidad de la vida en los reinos del sufrimiento.

tsa (*véase canal*).

yidam (tib., *yid dam*; sct. *devata*). El yidam es una deidad tutelar o meditacional que encarna un aspecto de la mente iluminada. Hay cuatro categorías de yidams: serenos, crecientes, poderosos e iracundos. Los yidams manifiestan estas diferentes formas para vencer a unas fuerzas negativas específicas.

yogui (tib., *rnal 'byor pa*). Un practicante masculino de los yogas meditativos, como los yogas de los sueños y del dormir.

yoguini (tib., *rnal 'byor ma*). Una practicante femenina de los yogas meditativos.

Zhang Zhung Nyan Gyud (tib., *Zhang Zhung snyan rgyud*). El Zhang Zhung Nyan Gyud es uno de los ciclos más importantes de las enseñanzas Dzogchen en la tradición Bön. Pertenece a la serie *upadesha* de las enseñanzas.

Zhiné (tib., *zhi gnas*; sct., *samatha*). «Permanecer en calma» o «tranquilidad». En la práctica de permanecer en calma, debemos enfocarnos en un objeto externo o interno para desarrollar la concentración y la estabilidad mental. Permanecer en calma es una práctica fundamental, es la base para el desarrollo de todas las otras prácticas de meditación más elevadas, y es necesario para los yogas de los sueños y del dormir.

Bibliografía

Textos tibetanos

Ma rgyud Sangs rgyas rgyud gsum

1: *Ma rgyud thugs rje nyi ma'i gnyid pa lam du khyer ba'i 'grel pa*

2: *Ma rgyud thug rje nyi ma'i rmi ba lam du khyer ba'i Hgrel pa*

A-khrid thun-mtshams bcu-Inga dang cha-lag bcas

Zhang Zhung Nyan rgyud bka' rgyud skor bzhi

Libros en inglés

DALAI LAMA: *Sleeping, Dreaming, and Dying: An Exploration of Consciousness with the Dalai Lama.* Editado y narrado por Francisco Varela. Traducciones por B. Alan Wallace y Thupten Jinpa, Wisdom Publications, Boston, 1997.

NAMKHAI NORBU RINPOCHE: *Dream Youga and the Practice of Natural Light.* Editado y presentado por Michael Katz, Snow Lion Publications, Ithaca, 1992.

SHARDZA TASHI GYALSTSEN: *Heart Drops of Dharmakaya: Dzogchen Practice of the Bön Tradition.* Traducción y comentario de Lopon Tenzin Namdak, Snow Lion Publications, Ithaca, 1993.

VENERABLE GYATRUL RINPOCHE: *Ancient Wisdom: Nyingma Teachings on Dream Yoga, Meditation, and Transformation.* Traducción del texto original por B. Allan Wallace. Traducción de los comentarios por Sangye Khandro, Snow Lion Publications, Ithaca, 1993.

También de Tenzin Wangyal Rinpoche

TENZIN WANGYAL RINPOCHE: *Wonders of the Natural Mind.* Prólogo de Su Santidad el Dalai Lama, Station Hill Press, Barrytown, 1993.

Tenzin Wangyal Rinpoche da clases en varios lugares de los Estados Unidos, México y Europa. Si deseas información sobre su programación y la de otros maestros, por favor contacta a:

Ligmincha Institute
554 Drumheller Lane
Shipman, VA 22971
EE. UU.

Teléfono: (434) 263-6304
Página web: www.ligmincha.org

Índice

¿Son los sueños un tiempo perdido? ¿Tienen alguna utilidad? ¿Qué relación tienen con el viaje astral?

En este libro, Juan Antonio López Benedí responde a éstas y otras preguntas que todos nos hemos planteado, al tiempo que nos enseña un método personalizado para recordar e interpretar nuestros sueños.

El mundo de los sueños, regido por sus propias leyes, es un universo misterioso en el que algunos osados se aventuran. Este libro nos enseña a penetrar en él.

A través de los sueños nos llegan mensajes de nuestro inconsciente que podemos utilizar como guía en nuestra vida cotidiana. Aprendiendo a atender el mensaje de los sueños y siguiendo adecuadamente sus sugerencias obtendremos importantísimas ventajas para nuestro equilibrio psicofísico.

Este manual de interpretación onírica ofrece respuestas a todos estos interrogantes y muchos más. Es un libro útil para los profesionales de la psicología y psicoterapia, así como para todas las personas interesadas en sacar provecho del tiempo que pasamos durmiendo.

Hoy en día, existen muchos métodos de creación consciente que nos enseñan a cambiar nuestras creencias y pensamientos a fin de lograr todo aquello que nos propongamos. Sin embargo, en ocasiones, a pesar de poner en práctica estos interesantes métodos, hay ciertas cosas que se nos resisten. Los sueños pueden ayudarnos a identificar y desbloquear tendencias inconscientes que generan «autoboicots» o circunstancias desfavorables que impiden el logro de nuestras metas.

Se ha dicho que los sueños son «la vía regia que nos conduce al inconsciente», por esta razón podemos utilizarlos como fuentes de autoconocimiento que nos brindan la oportunidad de ver todo aquello de lo que no somos conscientes.